Louise Coutreau

ISBN : 978-1-913191-30-6
Première édition : 1994
Bibliothèque et Archives nationales du Québec
Bibliothèque et Archives Canada

Talma Studios International Ltd.
Clifton House, Fitzwilliam St Lower
Dublin 2 – Ireland
www.talmastudios.com
info@talmastudios.com

© All rights reserved. Tous droits réservés.

EDGAR CAYCE
À la lumière de la lumière
Channeling

2e édition

Louis de Courteau

Un merci spécial à Lisette, par qui Edgar me retransmettait certains messages, afin de préciser les pensées les plus importantes.

Chapitre 1

Peur

Mieux vaut apprivoiser la peur.

Question : À l'horloge de la planète, il s'est écoulé quarante-cinq ans [environ quatre-vingts au moment de cette 2e édition] depuis votre départ terrestre. Et pendant tout ce temps, Edgar, beaucoup a été écrit sur vous, beaucoup d'interprétations de vos lectures ont été proposées, certains se risquant même à vérifier vos prévisions. Et moi, je demande votre communication en directe pour transmettre vos messages. Bien humblement, je sollicite cette permission. Vos amis et moi l'attendons.

Réponse : Allez, Philippe. Je serai là à chaque page écrite. J'ai des choses à dire et à redire. Votre époque permet la communication facile, et vous ne serez pas obligé d'utiliser la transe. Permission accordée. Je suis encore là pour mes amis, et je vous dis bonjour.

Dans mon enveloppe terrestre, je lisais à travers les limitations de cette enveloppe, et il faut bien vous rappeler que le temps et l'espace sont les deux plus grandes limitations de cette enveloppe terrestre qu'est le corps. D'ici, je peux lire maintenant l'horloge cosmique et je ne peux vraiment trouver les mots pour décrire cette horloge cosmique si différente de l'horloge terrestre. Cependant, puisque vous le demandez, je vais tenter de vous décrire le temps cosmique.

Ainsi, j'ai vu à travers mes lectures de grands bouleversements terrestres, et on me reproche d'avoir mal lu, car ces changements importants ne sont pas tous arrivés. Dans mon enveloppe terrestre, il fallait que je ramène à mon niveau de compréhension ce qui m'était permis d'entrevoir de l'au-delà. Mon mental terrestre ne fonctionnait que par comparaison de temps et d'espace et ne pouvait souffrir de lire ces choses sans date. Ces interférences du mental m'empêchaient de rendre à cent pour cent toute la lumière qui venait à travers mes lectures. Le mental m'imposait des dates.

Je comprends maintenant que beaucoup de bouleversements sont bien inscrits dans l'horloge cosmique, mais je ne peux encore vous en révéler les dates terrestres, car, étant de l'autre côté du rideau, je suis libre du mental et je ne ressens pas la nécessité de fixer des échelles terrestres. Sur terre, je ne pouvais transcrire le temps cosmique parce qu'il me semblait inexprimable. Maintenant que je le vois dans toute sa profondeur de lumière, je ne trouve pas les mots convenables pour l'exprimer en termes terrestres. Il vous faut imaginer que je n'ai plus besoin de temps et d'espace, et, aussi, que je n'ai plus peur. La peur terrestre vient de ces limitations du temps et de l'espace.

Q : Vous avez utilisé le mot peur. Voici ma prochaine question : nous, peuple de l'Amérique du Nord, avons-nous raison d'éprouver de grandes peurs quant à l'arrivée probable de cataclysmes, tels que tremblements de terre, raz-de-marée, etc. ?

R : N'ayant plus maintenant de limitations de temps et d'espace à ma compréhension globale de tout le processus cosmique, je vois le passé, le présent et le futur dans une seule image fusionnée. Il est difficile pour les humains de comprendre cette image fusionnée. Je vais tenter d'être plus clair. Essayez d'imaginer que, sur le même écran, dans une image de fusion, vous puissiez voir la source dans la montagne, la rivière dans la plaine, et l'arrivée de la rivière dans la mer. Ainsi, je vois toujours la cause et l'effet en même temps. L'horloge ne me décrit pas le temps que cela prend pour passer de la cause à l'effet, parce que je n'en ai pas besoin pour tromper mes peurs. Je ne peux plus avoir peur dans cette compréhension globale. Sur la Terre, la peur naît de l'incompréhension, de la vision incomplète de la cause à l'effet.

Q : Si je comprends bien, ces bouleversements dont on parle vont arriver un jour ou l'autre. Auriez-vous des conseils que l'on puisse mettre en pratique pour éloigner ces peurs, ou mettre un baume sur les blessures qu'elles causent ?

R : Oui, il vous serait possible de ne plus avoir peur si vous vous décidiez à comprendre que ces cataclysmes ne sont pas des punitions. Oh ! J'ai dû me recycler de ce côté-ci du rideau, car j'ai mentionné quelque part dans mes communications que ces bouleversements pouvaient être des punitions. Il me semble plus précis pour votre compréhension terrestre de remplacer le mot *punition* par les mots *ajustement fondamental*. Pour mieux comprendre ces termes, il vous faut penser que la planète Terre est un être vivant qui respire à sa façon, qui se renouvelle constamment, et se nettoie en même temps pour mieux se renouveler. En somme, il y aura de larges opérations de nettoyage qui, dans le langage terrestre, s'appellent « séismes », « raz-de-marée » ou « éruptions volcaniques ». Ces bouleversements cosmiques sont nécessaires à la survie de la planète. Cela fait partie des risques de la vie sur cette planète et c'est pour la continuité de cette même vie que tous ces événements arriveront.

Reconnaître qu'il ne s'agit pas là d'une punition, mais d'une phase dans l'évolution cosmique, devrait satisfaire aux inquiétudes profondes de l'humain. Je vois néanmoins que votre peur est viscérale, c'est-à-dire ancrée au fond de vos entrailles. C'est pourquoi je vous dis que la méditation, peu importe la technique, est absolument nécessaire à l'humain pour enlever ses peurs profondes. La technique, quelle qu'elle soit, doit être celle qui accepte l'entrée de la lumière, l'acceptation complète de la lumière jusqu'au plus profond de l'être. La pratique quotidienne de la méditation maintiendra presque en permanence cette présence de la lumière à l'intérieur de vous.

Quand il y a de la lumière, il n'y a plus de peur. Les cauchemars surviennent beaucoup plus souvent la nuit que le jour. Je vis dans un monde de lumière et je n'ai plus de cauchemar.

Chapitre 2

Lumière

Devenez des amants de la lumière.

Question : Vous nous apparaissez si heureux dans ce monde de lumière qu'il semble que vous vouliez nous parler davantage de la lumière. Est-ce exact ?

Réponse : Oui, oui et oui. Je voudrais que vous deveniez tous des amants de la lumière. Si on me limitait à ne vous livrer qu'un seul message, je vous dirais tout simplement : devenez des amants de la lumière, lumière spirituelle, lumière du soleil, lumière artificielle ou faux soleil de la nuit. La lumière spirituelle toutefois ne comporte aucun risque à une longue exposition, et c'est beaucoup plus amusant. On la développe par la méditation répétée, et, je le redis, sa pratique n'entraîne aucun risque. Quand elle est installée, vous ne voulez plus jamais en perdre les bienfaits, dont les principales manifestations sont d'abord l'éloignement de la peur, puis la naissance d'un grand calme intérieur imbibé d'énergie, comme le début d'un matin ensoleillé. Le développement de cette lumière intérieure par le biais de la méditation est absolument nécessaire à votre évolution. Il est pratiquement impossible pour les humains de trouver un autre moyen de la faire naître, progresser et l'entretenir. La prière ? me direz-vous. La méditation est une prière non verbalisée, étant de ce fait moins restrictive quant aux demandes. C'est la prière inconditionnelle.

Votre époque se qualifie comme étant une époque de verbiage. La radio, la télévision et le téléphone peuvent facilement vous saturer de mots, 24 h / 24. Il est de plus en plus difficile de vous y soustraire, même pour un très court moment. Ô combien heureux vous devriez être si je vous dis que vos prières devraient être non verbalisées, c'est-à-dire remplacées par la méditation et cela, sans mantras !

Q : Auriez-vous une méthode ou une astuce plus particulière de méditation que vous pourriez conseiller à vos amis ?

R : Asseyez-vous et fermez les yeux. Faites en sorte que votre imagination vous apporte immédiatement une lumière blanche, diffuse. Laissez cette dernière envahir tout l'intérieur de votre corps physique, y compris le cerveau. Tout est rempli de lumière, il n'y a plus de place pour rien d'autre. Jouez avec cette lumière, comme un enfant jouerait avec un nuage. Faites-en un jeu imaginatif intérieur jusqu'à ce qu'une sensation agréable de calme et à la fois de douceur s'installe au niveau du plexus solaire et du cœur. Ceci peut également se faire debout ou en marchant en solitaire. Marcher active l'imagination et maintient plus facilement les images intérieures de cette lumière blanche. Bonne méditation à tous !

Votre enveloppe terrestre a aussi besoin de la lumière du soleil. Cet astre merveilleux éclaire, réchauffe et déclenche toute une série de réactions chimiques dans la nature de même que dans votre corps. Les bains de lumière sont plus importants que les bains de soleil comme tels et, surtout, ils ne comportent aucun risque. Je trouve vraiment malheureux que les gens qui sont obligés de travailler la nuit ne se réservent pas une heure de bain de lumière du soleil pour leur équilibre physique. Une heure seulement et déjà c'est suffisant pour le maintien d'un bon équilibre. S'ils ne peuvent pas facilement trouver le temps pour cette exposition quotidienne à la lumière du jour à cause de contraintes physiques (travail, maladie, incarcération, etc.) qu'ils compensent au moins par une méditation dans la lumière spirituelle.

Chapitre 3

Cancer

Ce dérèglement jusque dans la danse des atomes.

Question : Vos amis aimeraient connaître une nouvelle lecture que vous pourriez leur faire au sujet de la maladie du cancer. Existe-il des moyens faciles de l'éviter ? Existe-il dans la nature des remèdes simples qui pourraient amener la guérison ?

Réponse : Oh là là ! Il n'y a rien de facile dans vos questions ! Cette maladie est complexe et n'a pas qu'une seule cause chez le même individu.
Il s'agit d'une maladie complexe, en effet, parce qu'elle est physique, mentale et éthérique. C'est une maladie qui règne à la fois dans le corps physique et dans le corps éthérique. Elle consiste en un profond déséquilibre au niveau des atomes qui forment votre corps, comme si leurs programmes d'alignement ne fonctionnaient plus. Même un cancer en surface naît en profondeur, et on retrouve l'origine du déséquilibre dans ce désalignement des atomes.
De ce côté-ci du rideau, je peux voir les atomes, car il n'y a plus de densité qui vient faire obstacle à ma vision cosmique. Quand je regarde leur jeu dans vos corps physiques, j'y vois de merveilleux dessins, un peu comme ceux des flocons de neige vus au microscope. Les atomes, en mobilité constante, décomposent et recomposent des dessins qui reviennent constamment aux mêmes formes originales de ces dessins. On pourrait comparer cela à une danse perpétuelle des atomes dans la même chorégraphie. En revanche, si je regarde cosmiquement le corps physique d'un cancéreux, le dessin de base se décompose aussi, mais il ne revient jamais semblable à l'original, et je ne peux plus y voir de symétrie. La danse des atomes existe toujours, mais

elle est désorganisée, sans chorégraphie. Alors, vous voyez combien profonde est la maladie du cancer.

Q : Pourquoi dites-vous que cette maladie existe également dans le corps éthérique ?

R : Au regard cosmique du corps éthérique, on y voit également un autre genre d'atomes, et on ne distingue plus cosmiquement les limites du corps physique. Il n'y a pas de frontières marquées entre ces deux corps, elles se fusionnent, se fondent l'une dans l'autre. Le corps éthérique contient un grand nombre de particules de lumière qui composent, elles aussi, une danse vivante avec celles du corps physique. L'énergie qui régit ces danses coule doucement entre ces corps comme une rivière sans fin.

Quand le corps physique est cancéreux, le même désordre ou l'absence de symétrie ou chorégraphie existant dans le corps physique se retrouve forcément dans le corps éthérique, puisqu'aucune frontière n'existe entre les deux corps.

De plus, dans le corps éthérique du cancéreux, l'énergie n'est plus constante. Il y a des trous d'énergie, comme les trous noirs du cosmos et il semble que l'énergie plonge tête première dans ces trous, sans espoir de retour.

Et, malheureusement, dans le corps cancéreux, on ne retrouve plus l'image de la continuité d'une calme rivière d'énergie qui coule dans un ciel exempt de trous noirs, image qu'on retrouve dans le corps de l'humain non cancéreux.

Je vois venir votre prochaine question. Qu'est-ce qui amène ces trous noirs ? Qu'est-ce qui bouleverse cette chorégraphie dans le mouvement des atomes ? Ma réponse est complexe. Au tout début de la maladie, il y a un ralentissement du rythme de danse des atomes. La composition des dessins selon le même patron continue, mais le rythme est considérablement ralenti, presque arrêté. Cette forme de lassitude existe tant dans le corps physique que dans le corps éthérique. Je pourrais nommer cette étape, dans votre langage terrestre, *la fatigue de vivre*.

Je me plais à traduire, pour votre compréhension, ma vision cosmique du corps bien énergisé en la comparant à cette image : l'énergie qui coule dans le corps m'apparaît comme une rivière argentée. Ce flot a son origine près du sacrum et continue son ascension jusqu'au cerveau, où il gagne en force, en passant comme par un relais, et redescend ensuite jusqu'au bout des mains et des pieds.

Cependant, contre ce courant, il existe comme un vent y causant des rides et, souvent, des vagues. Ce contre-courant s'appelle le « stress » dans votre langage terrestre. C'est lui qui fait onduler cette rivière d'énergie liquide ; cette ondulation est nécessaire à ce mouvement rythmique et, s'il n'y avait pas de stress, il n'y aurait pas le mouvement nécessaire à la vie de cette rivière.

Votre nature connaît bien ce principe. Les alligators, serpents, grenouilles agitent quelque peu l'eau dans les grands marais stagnants, empêchant ainsi une stagnation complète, qui se transformerait autrement en mort définitive. Ainsi, dans le corps éthérique, un léger vent de stress anime la rivière et la rend étincelante. En revanche, dans le corps d'un cancéreux, je ne vois plus qu'un mouvement saccadé, sans véritable alignement des atomes : la rivière d'énergie se voit contrainte de contourner les trous noirs et parfois y perd une grande partie de son flot.

Je vois encore venir une autre question plus précise : peut-on connaître les causes de ces dérangements ? Peut-on éviter de subir ces troubles ?

Un stress constant, comme un vent continuellement de plein front, peut retarder le flot de l'énergie et finir par créer une fatigue de vivre. Quelqu'un qui fait, par routine, pendant de longues années, sans conscience et appréciation, un travail qu'il n'aime pas, engendre la plupart du temps ce stress constant qui déclenche à la toute fin la volonté de ne plus vivre.

Consommer en grande quantité toujours les mêmes aliments dont certains ne sont pas nécessairement bienfaisants pour son propre système peut engendrer aussi cette forme de stress qui résiste au flot de l'énergie. Maintenir une attitude négative face à tous les événements de la vie engendre également de la densité qui, à son tour, ralentit le rythme du flot d'énergie.

Cela ne veut pas dire que seuls les gens inconscients ou moins évolués sont les plus susceptibles de souffrir du cancer. Il est possible que des gens très évolués acceptent consciemment de mourir de cette maladie. De ce côté-ci du rideau, cela apparaît comme une forme subtile de suicide.

Q : Y aurait-il des mesures à prendre pour nous mettre le plus possible à l'abri des risques de cette maladie ?

R : Il me faut vous dire tout de suite que je n'ai pas de recette de potion miracle. Cependant, si une personne prend conscience de la qualité de son énergie et décèle immédiatement tout ralentissement, elle peut alors découvrir, par analyse, la cause première de ce ralentissement et avoir ainsi de bonnes chances d'éviter cette maladie.

Dans votre ère, il est possible à beaucoup de gens de diversifier leur nourriture. L'abondance de produits différents permet de perdre facilement l'habitude de toujours manger la même chose. Une alimentation diversifiée peut combler certaines carences minérales subtiles et supprimer ainsi des risques de ralentissement de l'énergie.

Une grande cause de stress constant est d'essayer de faire deux ou plusieurs choses en même temps. En voici deux exemples : manger, lire un journal et répondre au téléphone ; manger et faire une sainte colère.

Ces gestes simultanés et anodins ont le don d'imprimer du stress dans tout l'organisme. Et ce stress particulier a un impact direct sur le désalignement des atomes.

Q : Y a-t-il des aliments ou boissons à éviter absolument pour échapper aux risques du cancer ?

R : Beaucoup de boissons commerciales, alcoolisées ou non, sont très sucrées et très stimulantes. Cette stimulation amène après le premier effet un ralentissement d'énergie plus important que la stimulation elle-même. Le sucre, à la suite de son action stimulante immédiate, ne ramène pas vraiment l'organisme au repos, mais plutôt à un engourdissement créé par trop de densité s'introduisant dans le flot vital de l'énergie. L'absorption régulière de ces boissons est complètement néfaste et crée un ralentissement d'énergie dangereux. Le café sucré est un exemple typique pouvant provoquer ce genre de désordre.

Q : Dans notre ère, la cigarette est déclarée officiellement cause de cancer. Dans vos lectures, lors de votre passage terrestre, vous n'avez pas condamné la cigarette, mentionnant l'élimination facile de ces toxines dans un usage assez modéré. Êtes-vous encore du même avis ?

R : Le ravage causé par la cigarette est énorme. Il n'y a aucun bien réel à fumer. Tout est illusoire dans ce geste et cette absorption de fumée. Seul votre mental peut inventer des raisons de fumer et croire ces mêmes raisons. Cependant, nous, du plan cosmique, ne pouvons pas vous faire plaisir en disant : « Oui, vous pouvez fumer, et cela n'affectera pas votre santé ! »

Q : Voulez-vous ajouter autre chose à vos propos concernant le cancer ?

R : Oui, j'aimerais mentionner qu'il y a des accidents de parcours qui peuvent déclencher le cancer. Certains microbes ou virus, bien que soignés et soignables en apparence, vont provoquer comme effet secondaire un dérèglement dans l'alignement des atomes.

Chapitre 4

Méditation

La méditation apaise la tempête, allume un feu et vous fait danser comme les flammes.

Question : Vos propos nous ramènent toujours à ce profond dérèglement dans le flot énergétique, cette rivière d'énergie circulant dans notre enveloppe terrestre. Vos amis vous demandent s'il n'y aurait pas quelque exercice, ou autre forme de méditation, qui pourrait maintenir le rythme circulatoire de ce flot énergétique ?

Réponse : La méditation sous toutes ses formes calme les vents forts qui engendrent les fortes vagues. En pleine tempête, commencez par méditer. Méditez sur la lumière. Fermez les yeux. Allumez un feu en vous, un feu de bois, une chandelle, un phare, un incendie de forêt, ou le soleil lui-même, peu importe, selon votre humeur. Avec un peu d'imagination, il est facile d'entretenir ce feu, de le sentir se propager jusqu'aux limites de votre peau et de faire jaillir cet incendie dans votre cerveau. Cela vous semble un jeu d'enfant, et tant mieux s'il en est ainsi. La chose ne vous en sera que plus facile. Et prenez-y vite plaisir, avant que le mental n'y installe toutes les raisons d'être sérieux et finisse par vous persuader que vous êtes trop vieux pour vous amuser à des jeux d'enfant. Remplissez-vous tout entier, des pieds à la tête, de cette sensation d'être nettoyé ou purifié par le feu. Entretenez-le le plus longtemps possible, car je suis convaincu qu'au bout de quinze minutes, votre mental vous aura enfin convaincu de tout stopper. Ne vous inquiétez donc pas de vous adonner à la méditation trop longtemps, car le puissant mental, ce général, se chargera de vous en sortir.

Pour certains, en guise de méditation, il sera plus facile d'utiliser l'eau que le feu ou la lumière. La couleur bleue de l'eau est déjà si apaisante. Imaginez alors devenir une rivière, et coulez nonchalamment à travers le cosmos. Voyez l'eau bleue, d'un bleu aussi beau que celui de la Méditerranée. Alternez cette méditation avec celle du feu. Cela satisfera votre imagination, qui adore les choses variées.

Je tiens à vous rappeler qu'il n'est pas nécessaire, pour méditer, d'être assis ou à genoux bien tranquille. Les techniques ou méthodes que je viens de vous décrire peuvent se faire par exemple par des gestes de danse pour le thème du feu. Les flammes ne dansent-elles pas sur le bûcher, ne courent-elles pas d'une branche à l'autre dans la forêt embrasée ? Devenez alors le feu en bougeant vous aussi. Le mouvement vous permettra de le devenir de plus en plus.

La méditation sur le thème de l'eau peut se faire en exécutant des mouvements qui ressemblent à ceux de la nage. Ceci stimule l'imagination, de sorte qu'il est plus facile de devenir rivière, tout comme un enfant qui joue devient l'objet de son jeu.

Un autre moyen d'intensifier et de régulariser son flux d'énergie est de prendre conscience de sa nourriture. Cela signifie arrêter quelque peu sa pensée en la regardant. Une pensée dirigée sur elle la vivifie. À l'époque où je vivais sur terre, la grande majorité des gens qui mangeaient en famille se recueillaient pour une prière avant le repas. Cette prière évoquait la gratitude et le partage. Elle disait généralement ceci : « Je remercie Dieu pour cette nourriture et je Lui demande d'en donner à ceux qui n'en ont pas. » Ce rituel de prière est bon parce qu'il est méditatif et implique un temps d'arrêt. Comme il y a un temps d'arrêt, il devient presque gênant d'avaler le repas d'une seule bouchée. Au contraire, le goût, l'envie de prendre son temps pour manger s'installe. La voracité s'est tout à coup envolée. Vous avez perdu ce rituel ou l'habitude de cette prière. La plupart du temps, les gens ne mangent plus en famille, et il est difficile et souvent gênant de prier en public. Le texte de cette prière est discutable, car on demande à Dieu et non à soi-même de pourvoir aux besoins alimentaires des autres. Vue du plan cosmique, cette prière est teintée d'égoïsme et pourrait se traduire comme suit : « Dieu, ne vide pas mon assiette, et si Tu veux que les autres aient de la nourriture, occupe-Toi Toi-même de ce problème. » Trêve d'humour cosmique, revenons à la notion du temps d'arrêt. Celui-ci permet de vous donner le goût de ne pas manger trop vite. L'arrivée rapide de la nourriture dans l'organisme crée un stress et, si ce stress est continuel, il s'ensuit des formes de blocage dans le flux d'énergie. Payez-vous donc ce luxe de temps en temps : humer la saveur de vos aliments, regarder un peu plus longuement le contenu de votre assiette avant de l'avaler, à la façon de l'artiste qui, par le regard, s'harmonise au paysage qu'il veut peindre.

Chaque fois que vous en avez l'occasion, préparez vos propres repas, ou profitez de ceux préparés par des amis. Qu'elle soit apprêtée par vos propres mains ou des mains amies, cette nourriture est déjà amie : elle est imprégnée de votre humeur joyeuse ou de celle de vos amis. Alors, toute cette joie environnante vient renforcer la poussée dans le sens du courant du flux d'énergie.

Chapitre 5

Cœur malade

> *J'ai le cœur à rire.*
> *J'ai le cœur à pleurer.*
> *J'ai le cœur à danser.*
> *J'ai le cœur à mourir.*

Question : Lors de votre passage terrestre, vous étiez un peu médecin du ciel. Ce médecin céleste pourrait-il nous parler de la maladie cardiaque ?

Réponse : Je comprends l'angoisse humaine au sujet des maladies de cœur, si nombreuses, et touchant de plus en plus des gens de tout âge. Malheureusement, à court terme, il n'y aura aucune amélioration.

Les malaises cardiaques sont essentiellement dus à un manque de repos profond ou à un manque d'activité profonde. L'homme au grand cœur et le sans-cœur (j'utilise votre langage terrestre) peuvent également être des sujets à hauts risques de maladies cardiaques. J'ajoute toutefois immédiatement que trop de bonheur tue rarement, mais trop de malheur tue sûrement.

C'est une question d'équilibre. Plus votre repos est profond, plus votre activité peut être profonde et sans risques. Votre langage utilise souvent l'expression : manquer de cœur à l'ouvrage, mais, attention, le paresseux n'a pas le cœur à l'ouvrage et il le montre bien, tandis que l'orgueilleux peut ne pas avoir le cœur à l'ouvrage et ne pas le montrer. Les expressions suivantes reviennent aussi fréquemment dans votre langage : « j'ai le cœur à rire » ; « j'ai le cœur à pleurer » ; « j'ai le cœur à danser » ; « j'ai le cœur à mourir ».

Le cœur travaille dans les deux corps, physique et éthérique. Dans ma vision cosmique, je vois le rideau de fond du corps éthérique s'agiter rythmiquement, comme si un souffle de respiration venait de derrière ce rideau ; c'est le battement de votre cœur éthérique. Le cœur est un pont essentiel entre le corps physique et le corps éthérique. J'aimerais vous décrire, à l'aide d'images terrestres, le battement éthérique du cœur. Imaginez un rideau qui danserait dans un coucher de soleil. Quand une personne devient victime de malaises cardiaques, ce rideau perd le rythme du mouvement. Je vois cette personne vivre en dehors de son rythme, comme une roue tournant en dehors de son essieu. Elle est alors décentrée. Et toute personne décentrée use son cœur de façon très violente.

Q : Pouvez-vous nous expliquez davantage ce qu'est une *personne décentrée* ? Que peut-elle faire pour se recentrer ?

R : Une personne décentrée n'est plus elle-même, elle a l'impression d'être mal dans sa peau. Beaucoup d'objets extérieurs vous sollicitent continuellement, tant et tant que vous sortez de vous-même et devenez les objets convoités. Vous lisez les journaux du matin et vous vivez dans la peau des personnages décrits dans les catastrophes. Vous vivez les malheurs de ces gens. Vous sortez de vous-même, de votre essieu, pour ainsi dire ; vous ne vous retrouvez plus vous-même. Cet état est désastreux pour la santé du cœur.

Ce phénomène d'empathie s'intensifie encore plus lors de longues stations devant le téléviseur. L'image animée et le son accentuent son effet, et les perturbations de toutes ces dimensions simultanées vous arrachent littéralement de votre centre. Dès lors, vous n'êtes plus dans votre centre, votre rythme cardiaque et votre cœur doivent, physiquement et émotivement, s'ajuster à trop de sortes de vibrations à la fois. Votre cœur devient alors engorgé.

Vous avez raison de vous demander comment vous sortir de tout cela, car cette sollicitation est constante. Et la majorité des gens ont à vivre dans cet environnement sollicité à l'extrême. La méthode que je vais vous décrire vous semblera à première vue perplexe et complexe. Je vous répète cependant que vous avez intérêt à l'appliquer si vous voulez vous guérir ou prévenir les malaises cardiaques.

D'abord, il faut lire les journaux à la même vitesse qu'ils sont écrits, c'est-à-dire rapidement. Les choses les plus importantes sont répétées partout et vous ne pourrez les manquer. Ensuite, devant le petit écran, il faut bouger. Comme il y a des téléviseurs souvent allumés dans les foyers et les endroits publics, vous êtes constamment sollicités de vous asseoir devant ce petit écran. Pensez à ne pas le faire : vous ne le fixerez pas longtemps si vous demeurez debout, car cette position n'invite pas le regard à se fixer. De plus, quand vous êtes debout, un besoin impérieux de bouger vous habite. Voilà, le tour est joué et vous quitterez plus rapidement le petit écran.

Quant au travail, celui-ci est également très sollicitant, perturbateur même, si, en plus, une personne n'aime pas son métier. C'est un drame pour l'être humain de ne pas toujours exercer le travail qu'il aimerait. Les chemins pour y parvenir ne sont pas des plus faciles, et sont souvent inaccessibles. Je vous suggère le recueillement avant de commencer votre travail. Il y avait autrefois une pratique chrétienne, celle d'offrir son travail à Dieu dans une forme de prière. Cette pratique s'est malheureusement perdue dans l'ensemble des pratiques de la prière. S'il vous est pénible de prier, au moins recueillez-vous sans rien verbaliser. Retirez-vous en vous-même, comme pour installer un cercle de protection afin de ne pas vous perdre. Je vous répète que ce cercle de protection est nécessaire au départ. Et, au cours de votre travail, chaque fois que vous y penserez, ces quelques secondes de recueillement assureront la continuité de ce cercle de protection, tout comme le guerrier qui, avant le combat, regarde, contemple ses armes afin de rehausser sa confiance dans la victoire prochaine. Lors de ce rituel, vous observerez qu'une longue respiration se fera d'elle-même à chaque fois, tout simplement. Ce sera le signal d'un nouveau départ. Ce recueillement étant créateur de joie, cette habitude deviendra beaucoup plus facile et le mécanisme se déclenchera chaque fois qu'il vous sera nécessaire de renforcer le cercle de protection.

Il se peut, pour beaucoup de personnes au tout début, qu'il soit pratiquement impossible de se recueillir, même quelques secondes. Je vous suggère alors le jeu suivant : si vous êtes seul dans un lieu, marchez en cercle dans le sens contraire des aiguilles d'une montre jusqu'à ce que vous ressentiez un léger étourdissement. Marchez lentement, sans penser à rien de précis, sans rien verbaliser. Ou, si cela vous amuse, pensez, en tournant ainsi, que vous tirez sur un fil de laine, défaisant ainsi au fur et à mesure tout un tricot. En d'autres mots, cela peut être le démaillage des sollicitations. Cependant, si l'espace physique ne vous permet pas d'exécuter ce jeu, faites-le mentalement, et l'effet se produira quand même. Vous pouvez aussi vous aider en crayonnant sur une feuille de papier des cercles dans le sens contraire des aiguilles d'une montre. L'effet se fera sentir, n'ayez crainte.

Q : De nos jours, les médecins et autres conseillers de la santé insistent pourtant sur la qualité de l'alimentation et les régimes sans cholestérol pour éviter ou guérir les malaises cardiaques. Pouvez-vous nous entretenir à ce sujet ?

R : Combien de gens voudraient extirper de leur corps le cholestérol, comme étant quelque chose d'externe, un venin mortel qui s'y serait introduit ? De grâce, cette sécrétion interne en soi n'est pas mortelle, et vos glandes ne sécrètent pas des poisons. Quand le rythme cardiaque change et ne suit plus son cours normal, il y a un dérèglement dans la sécrétion du cholestérol. Celui-ci n'est pas une cause, mais un effet. Vous soignez présentement l'effet et non la cause.

Quand votre cœur travaille sans règle aucune, un peu comme un moteur fonctionnant hors de ses pistons, il s'ensuit une abondance de cholestérol qui devient encombrante pour le système. Ce n'est pas une substance mortelle, mais quand il encombre tout le système, il devient alors un danger, comme une tempête de neige dans les rues d'une grande ville. Et pourtant, peut-on dire que la neige est mortelle ?

Vous pouvez toujours déblayer, déblayer, mais la tempête doit cesser. Les médicaments déblaient et déblaient, cependant, vous seul pouvez arrêter la tempête. La tempête, c'est le décentrage, ou vivre dans la peau des autres, ou faire tourner son moteur en dehors des pistons.

Pourquoi tant vouloir vivre dans la peau des autres, alors qu'il est déjà suffisamment difficile de vivre dans la sienne ? C'est une sorte de curiosité malsaine qu'il faut bannir.

Permettez-moi d'ajouter quelques mots sur le cholestérol. Il n'est pas si utile de classer les aliments avec cholestérol ou sans cholestérol. Je le redis, celui-ci ne vient pas d'un aliment mais d'une sécrétion interne. Et cette sécrétion se fait en abondance ou non selon votre humeur, ou selon votre dérèglement interne plus ou moins important.

Q : Pourtant il nous semble évident que certains aliments devraient être évités et que l'obésité des gens est une source de cholestérol...

R : Votre réflexion est juste, mais il faut souligner le problème de la surabondance de certains aliments. Quant à l'obésité, la cause en est un dérangement profond, et il n'est pas suffisant de prescrire un régime sévère. Il faut remédier à l'état d'âme, pour ainsi dire, et aller chercher les causes profondes par le *rebirth,* ou autre procédé semblable. Afin d'obtenir de meilleurs résultats, commencez par réparer l'âme ; la raison du régime amaigrissant deviendra compréhensible et celui-ci sera facile à supporter.

Q : Lors de votre passage terrestre, vous inventiez dans vos lectures certaines potions très simples et très efficaces. Dans le cas précis des malaises cardiaques et du cholestérol, auriez-vous quelque potion magique ?

R : Tout le monde aime la magie. Elle fascine, enchante et représente la loi du moindre effort. Toutefois, la magie que j'ai à vous enseigner est la suivante : *recueillez-vous avant les repas,* comme je vous l'ai décrit auparavant. Pendant ces quelques secondes de vide mental ou, surtout, de non-verbalisation, des choix pointeront et, avec l'habitude, vous découvrirez bientôt ce qu'il faut manger. Votre corps connaît exactement ses besoins.

Q : Pourriez-vous nous décrire ce que devrait être la nourriture idéale quotidienne d'un Nord-américain ?

R : Oui, et c'est très simple : des céréales, les moins blanches possible ; du miel pour sucrer les aliments que l'on veut bien sucrer ; diminuer les portions de protéines, lait, viande et œufs, pour les remplacer par des légumes de toutes sortes ; et, chaque fois que l'occasion se présente, manger un fruit, peu importe la sorte. Concernant les aliments préparés à l'avance, *fast-food,* etc., les éliminer au fur et à mesure le plus possible. La nourriture préparée pour la conservation devient difficilement assimilable, car votre estomac et votre foie effectuent un travail énorme devant cet amas de produits chimiques. De grâce, soyez bons et indulgents pour ces deux organes, éternels compagnons jusqu'à votre mort. Ils seront les derniers à s'éteindre avec vous. Leur grande bienveillance ne leur est pas toujours rendue…

Chapitre 6

Médecine céleste

> *Il faut des doigts de lumière*
> *pour aligner la danse des atomes.*

Question : Lors de votre passage terrestre, vous n'étiez ni le bienvenu ni un invité de marque dans les cercles de médecine traditionnelle... Pourriez-vous nous décrire vos nouvelles pensées, ou visions cosmiques, à ce sujet ?

Réponse : Lors de mes lectures terrestres, j'entrais en transe profonde, ce qui m'assurait une protection nécessaire et me permettait de garder ma neutralité dans la réception des messages. En d'autres mots, les entités qui me fournissaient ces messages me protégeaient ainsi par une transe profonde. J'ai déjà écrit, à la suite de mes messages, qu'il était possible à tous de vivre ces expériences, s'ils se soumettaient aux conditions appropriées. À cause de ces états de transe, et j'y ai passé une grande partie de ma vie, mes parents et amis me considéraient comme un « hors-terrestre » ayant un don particulier.

Depuis mon nouveau monde de vibrations hors-terrestres, je tiens à vous le dire de toutes mes forces, que chacun d'entre vous examine les possibilités du *channeling*. Pourquoi vous priver d'une foule de renseignements et conseils qui vous sont apportés, comme sur un plat d'argent, par des entités vibrantes de lumière, si vibrantes que cette lumière devrait toujours déborder et couler dans les âmes sur votre terre comme le lait et le miel ? Il suffit que l'être humain, bien-pensant, c'est-à-dire agissant dans le sens de son évolution et de celle des autres, demande, demande et demande. À cause de ce libre arbitre que vous possédez tous et dont vous n'êtes pas toujours conscients, vous devez demander et demander pour que les êtres de lumière se mettent en mouvement pour vous. Comme ils ont une générosité égale à la fréquence et à la subtilité de leurs vibrations, ils vous donneront, pour vous tous, des recettes de guérison des tristes maux qui peuvent affliger votre enveloppe terrestre. Évidemment, ces êtres de lumières transgressent ouvertement les lois protégeant la médecine officielle.

Dans ma vision cosmique, au centre d'une forme de cathédrale constituée uniquement de vibrations, je peux voir sur votre planète s'allumer des lumières de demandes, comme autant de petites bougies. Elles se fusionnent de plus en plus en raison des groupes de personnes qui se forment, priant, demandant. Les plus réceptifs ou sensitifs reçoivent pour transmettre aux autres, et se doivent d'obéir à cette loi cosmique qui veut le partage de toute surabondance. À travers ces groupes ayant goûté à de tels enchantements spirituels, de plus en plus de guérisons physiques et de conversions au spirituel se produiront. Chaque être qui retransmet augmente sa force de vibration spirituelle et cosmique. Il y aura de moins en moins d'éclaboussures causées par les lois terrestres de la protection de la médecine, car rien ne résiste à la force vibratoire augmentée par la transmission.

De toute façon, plus les demandes seront regroupées et fortes, plus ces êtres de hautes vibrations pourront toucher dans le corps physique et même dans le corps éthérique au dérèglement des atomes physiques et éthériques, afin de les réaligner dans la chorégraphie universelle.

À l'intérieur de ces groupes, les guérisons se feront de plus en plus par l'imposition des mains. Beaucoup plus de gens demanderont ce pouvoir et il leur sera accordé ; il leur sera demandé aussi de le transmettre aux autres. Les mains deviendront les outils des êtres de lumière. En passant par l'extrémité des mains physiques, les êtres de lumière calmeront la douleur physique et s'infiltreront dans l'âme pour extirper les racines de la maladie qui sont une forme de malamour de soi.

Q : Pouvez-vous nous décrire comment se servir de nos mains pour guérir ?

R : Vous avez bien compris mon insistance sur l'importance du rôle des mains. Il vous faut d'abord réchauffer votre intérieur, de la même façon que les moteurs d'un avion s'apprêtant à décoller doivent l'être. Pour cela, concentrez-vous sur la source d'énergie afin d'y allumer le feu. Pour ceux qui, au début, ne peuvent pas du tout se concentrer, je leur suggère de faire l'exercice mentionné au chapitre précédent, celui qui consiste à se recentrer en marchant lentement dans le sens contraire des aiguilles d'une montre. Effectuez cet exercice jusqu'à ce que vous ressentiez une certaine pression au niveau du plexus solaire. À ce moment-là, vous trouverez votre centre d'énergie et les êtres de lumière viendront allumer le feu nécessaire. Puis visualisez la naissance d'un feu dont les flammes iraient lécher votre cerveau pour ensuite redescendre par vos épaules, et vos bras jusqu'à vos mains. Augmentez visuellement l'intensité de ce feu au point de ressentir des poussées d'énergie dans vos mains. Et voilà, vous êtes prêts pour l'imposition des mains. Immédiatement avant de faire ce geste, frottez-vous les mains ensemble pour activer l'arrivée du feu de guérison.

Remerciez Dieu et reconnaissez que ce pouvoir qui vous habite tient du divin. Reconnaissez que, malgré son apparente fragilité, ce pouvoir a les qualités du monde des lumières et qu'ainsi, il est rempli de compassion. Celui qui exercera ce pouvoir dans la simplicité de son cœur éprouvera une grande joie. Qu'il procède donc sans arrogance et sans vanité, dans un élan de compassion.

Et maintenant, où vous faut-il toucher ?

Si la personne est très malade, alitée et que tout son corps semble souffrir, balayez de la tête aux pieds en effleurant son corps, afin de retourner au sol ce qui est trop négatif. Balayez sans grande hâte, toujours en effleurant, jusqu'à ce que la personne malade aille chercher très profondément en elle-même quelques longues respirations. Après le balayage, secouez-vous les mains fortement ou, si c'est possible, passez-les à l'eau froide du robinet pour éliminer l'électricité statique.

Ensuite, en partant des pieds pour monter vers la tête, tracez des cercles de bas en haut dans le sens des aiguilles d'une montre. Ne vous hâtez jamais. Les êtres de lumière qui vous aident ont tout leur temps, celui-ci n'existe pas pour eux. Cette opération terminée, joignez vos mains ensemble sur votre poitrine entre le plexus solaire et le cœur, renforcez le feu par la visualisation, jusqu'à ce que vous ressentiez un débordement d'énergie, de douceur et d'amour à la fois. Placez maintenant une main sur le plexus solaire de la personne malade, et l'autre dans le dos vis-à-vis du même endroit ; visualisez le feu couleur argent remontant en vous jusqu'au cerveau, et les flammes redescendront dans vos mains. Demeurez ainsi jusqu'à ce que la personne malade soit allée chercher, du tréfonds d'elle-même, trois ou quatre longues respirations comme précédemment. Installez-vous de façon confortable, et, toujours sans hâte, appuyez vos mains reliées par les pouces et les index sur les parties malades les plus atteintes. Demandez aux êtres de lumière de vous permettre de devenir l'instrument très pur de leurs réalisations. Remerciez-les au nom de la personne malade. C'est tout, et à la fois c'est tout cela. Les êtres de lumière habiteront tous ceux qui l'auront demandé. Quand vous aurez maîtrisé ces techniques, hâtez-vous de les montrer aux autres.

Q : À supposer qu'on les essaie et qu'elles ne fonctionnent pas, doit-on persévérer ou renoncer immédiatement à poursuivre ?

R : L'efficacité totale dépend des humains. C'est l'aptitude à recevoir la force-lumière des êtres de lumière qui garantit l'efficacité de cette méthode. Et cette aptitude comprend également l'amour désintéressé ou inconditionnel. Il y a une chose importante à ajouter : cette méthode doit être appliquée à la fois avec amour et détachement. Quant au résultat, il ne faut pas s'y accrocher comme s'il s'agissait d'un pari à gagner absolument. En somme, faites le geste dans un élan d'amour inconditionnel, toujours en demandant l'aide des êtres de lumière, et oubliez le résultat. Votre part a été faite. La lumière ainsi véhiculée continuera son travail, de sorte qu'il ne sera pas nécessaire de répéter les gestes sans arrêt jour après jour. Ce n'est pas l'insistance qui compte, mais plutôt la qualité des premiers gestes d'amour inconditionnel.

Q : Vous parlez d'amour inconditionnel et de désintéressement... Doit-on se faire payer pour de tels gestes ?

R : L'argent est une forme d'énergie à partager. S'il est nécessaire à la survie du guérisseur, celui-ci a droit à sa rétribution. Si le guérisseur vit déjà dans l'aisance, il peut aussi demander une rétribution afin de maintenir cette qualité de vie, lui permettant de conserver sa santé et son énergie. Il aura ainsi plus de disponibilités pour augmenter sa qualité de réception d'énergie-lumière, entre autres par des pratiques régulières de méditation.

Q : Les lois terrestres en général ne permettent pas le paiement de tels services si le guérisseur n'est pas médecin. De plus, même le médecin comme tel n'a pas le droit d'utiliser légalement les techniques ainsi enseignées. Comment concilier tout cela ?

R : Ces guérisseurs des corps et des âmes n'auront pas besoin de publicité. La rétribution sera volontaire et non fixée. Les objecteurs causeront bien quelques éclaboussures, mais ils se fatigueront vite à ce jeu quand il y aura de plus en plus de guérisseurs utilisant l'énergie-lumière. Cette forme d'énergie-lumière est invincible et plus forte que l'énergie des objecteurs. Cette énergie-lumière vaincra les obstacles. Les êtres de lumière n'exigent pas de vous une foi aveugle, mais simplement que vous leur demandiez cette énergie-lumière et la transmettiez dans un geste d'amour inconditionnel.

Q : Beaucoup de groupes organisés formant une église se proclament faiseurs de miracles, y compris les guérisons physiques. Doit-on se joindre à certains de ces groupes ?

R : Il serait difficile d'intervenir au sein de ces religions pour y introduire les techniques que je vous ai indiquées précédemment. L'élément publicité ou promotion les entourant ne favorise pas ce que j'appelle le « miracle tout simple » qu'un initié opère dans un geste d'amour inconditionnel. Pour autant, beaucoup de gens trouvent dans ces églises une forme de réconfort et de défoulement en criant leur insistance pour une foule de demandes non tout à fait réfléchies.

Il faudrait faire la distinction entre la foi profonde et l'insistance. La foi profonde, solide comme le roc, est calme, tranquille et sûre d'elle-même. L'insistance est remplie de fébrilité, de peur de ne rien obtenir. L'énergie-lumière de guérison coule facilement dans une âme tranquille qui fait confiance à l'ensemble du cosmos ou au souffle créateur. Celui-ci multiplie tant de choses en définitive pour satisfaire plus que vos besoins... L'énergie-lumière qui coule dans les corps éthérique et physique anime une conscience qui s'élargit en présence de cette lumière.

Q : Peut-on guérir ainsi une maladie karmique ?

R : De la façon dont je vois votre pensée terrestre, la maladie karmique semble être pour vous une maladie traînée d'une incarnation à l'autre ou dont la cause serait issue d'une incarnation précédente dans le but d'explorer lors d'incarnations futures. Cela me semble être votre pensée. Certains êtres humains dans leur évolution immédiate, après la mort ou l'abandon du corps physique, estiment qu'ils ont mal expérimenté une maladie qui faisait partie de l'apprentissage lors de leur dernière incarnation. Certains décident de revivre immédiatement sur le plan terrestre pour expérimenter et régler ce problème cosmique. Ces incarnations sont souvent de courte durée. Et, en général, les êtres ainsi réincarnés ne demandent pas la guérison.

Q : Lors de votre passage terrestre et vos lectures, vous avez révélé des vies antérieures à de nombreuses gens. Croyez-vous leur avoir rendu service, ou avez-vous simplement satisfait une curiosité plus ou moins valable ?

R : L'examen cosmique de ce que j'ai fait me permet de ne rien regretter de ces actes. Ces lectures ont servi à un moment ou l'autre, dans le courant de la vie de ces gens, à comprendre un geste, une façon de penser, une attitude persistante. Ces prises de conscience ont été souvent libératrices d'énergie bloquée derrière des barrages invisibles à l'œil et à la compréhension terrestre. L'ère dans laquelle j'ai vécu ne favorisait guère l'expression libre du contenu de ces lectures. Quand je sortais de mes états de transe et que je prenais connaissance des faits ainsi énoncés, il m'arrivait de ne plus être à l'aise, doutant de moi-même et croyant être allé trop loin. Toutefois, dans mon examen à la lumière de la conscience cosmique, je n'ai pas trouvé dans ces propos matière à péché.

Q : Vous parlez souvent des mains comme instruments de guérison. Si quelqu'un n'avait plus de mains, pourrait-il guérir les autres d'une manière différente ?

R : Oui, les yeux sont des instruments merveilleux de guérison. Ils sont les premiers à vous mettre en contact avec le monde qui s'éveille le matin ; en les fermant le soir, ils continuent leur vision intérieure dans le rêve et le corps éthérique, cette merveilleuse mémoire des yeux de l'âme qui s'ouvrent quand les yeux du corps se ferment pour construire des visions intérieures a des pouvoirs intenses. Dans le langage de votre époque, on parle des pouvoirs de la visualisation créatrice. Certes, oui, il est valable d'utiliser la visualisation créatrice dans la guérison personnelle ou la guérison à distance. Ainsi, l'être humain a un pouvoir de création qui dérive du souffle créateur originel, c'est-à-dire Dieu. Et les yeux semblent des instruments privilégiés pour exercer ce pouvoir de création. D'excellentes recherches sont bien décrites dans vos livres terrestres.

Dans ma vision cosmique, je vois la relation étroite entre les yeux et le troisième œil du corps éthérique. Cette liaison permet une communication si facile que j'ai envie de vous dire que les yeux sont des organes de l'âme. Les yeux physiques et le troisième œil sont simplement des vases communicants entre les deux corps physique et éthérique. Ainsi, fermez vos yeux et vous voyez dans le monde spirituel. L'œil physique est à la fois capteur et émetteur, tout comme le troisième œil. Si vous voulez vous rendre compte combien vos yeux sont capteurs d'énergie, fixez la Lune et imaginez qu'elle s'approche de vous. Tentez de demeurer une quinzaine de minutes dans cet état. Vous ressentirez très vite une entrée d'énergie nouvelle, dont le signe sera un changement du rythme de respiration. Vos poumons iront chercher de très longues inspirations et des relâchements complets se produiront à l'expiration. Ce sera le signe de la réussite, que vos yeux sont bel et bien allé chercher de l'énergie dans l'espace. Cette expérience peut aussi être réalisée avec des étoiles.

Si une surexcitation survenait pendant ces expériences, faites deux ou trois fois l'exercice suivant : en position debout, penchez-vous vers l'avant pour que vos mains pendantes se rapprochent du sol, et visualisez qu'elles attrapent les deux côtés d'une robe noire que vous remontez lentement pour vous couvrir jusqu'à la tête. Dans ces gestes, vous allez chercher de l'énergie du sol, de la terre-mère. Cette énergie est comme noire et très calmante. Ce dernier exercice serait très bienfaisant aux cancéreux pour les apaiser après des traitements au cobalt ou à la chimiothérapie.

Les qualités de l'âme d'une personne se lisent dans les yeux physiques. On dit d'une personne : « Elle a tant de bonté dans les yeux. » La bonté est une qualité du corps éthérique, et la visualisation lui permet de se manifester. En effet, des exercices de visualisation peuvent apporter un soulagement à vos douleurs physiques ou accélérer le processus de votre guérison.

Vous pouvez aussi faire des visualisations pour aider les

autres. De grâce, ne faites rien de compliqué. Fermez les yeux, appliquez vos mains aux endroits douloureux, et laissez vos yeux fermés sans tension atterrir sur ces endroits douloureux, comme une plume sur un nuage. L'important est de ne pas créer de tension. S'il vous plaît, ne braquez pas vos yeux comme deux canons chargés, prêts à tuer, sur vos microbes ou autres formes de malaise. Le corps éthérique n'agit pas dans la tempête ou sous la menace de la force. Il préfère un temps calme pour panser les plaies. La technique des points lumineux décrite antérieurement peut être utilisée. Vos yeux fermés deviennent ces deux points lumineux qui se fusionnent tout à coup et se portent sur différentes parties du corps physique. Laissez maintenant ce point fusionné, couleur argent, tourner à une vitesse incroyable, toujours dans le sens contraire des aiguilles d'une montre. Cette vrille éthérique percera dans les nœuds intenses pour y dévider les fils cristallisés par la rudesse de la vie. Lorsque vous serez rompus à cette technique et que vous prolongerez beaucoup plus longtemps la méditation, des images très claires relatives à des vies antérieures vous apparaîtront quelquefois.

Quand vous songez à la méditation, il n'est pas obligatoire de penser à de longues stations immobiles. Ainsi, la technique des points lumineux peut être pratiquée en marchant dans la forêt ou dans un centre commercial. Il n'est pas nécessaire, ni même correct, de penser constamment à ces points. Ils doivent venir d'eux-mêmes, au rythme de la pensée, comme on laisse entrer des amis quand on ouvre sa porte. Et puisque ce sont de bons amis, on leur laisse toute liberté dans la maison de s'installer selon leurs fantaisies.

Beaucoup de mes lectures terrestres comportaient des messages religieux basés sur l'enseignement du Christ et de la Bible. Pourtant, mes amis lecteurs auront envie de déclarer que je suis devenu païen en traversant la frontière de la mort terrestre, puisque mes techniques de méditation ne comportent rien qui soit la marque distinctive du Christ ou de la Bible. Je demande à Philippe de revenir plus tard à ce sujet.

Au niveau de vibrations où je suis actuellement, j'ai une vision globale de l'âme et des deux principaux corps de l'être humain. Les frontières entre ces trois unités sont de conception terrestre et ne se retrouvent plus dans ma vision cosmique. Plus ces frontières sont denses, plus l'être humain est empêtré dans sa démarche spirituelle, et plus il ressemble à un oiseau qui ouvre en vain ses ailes dans une cage. C'est notre compassion devant cette vision qui nous pousse à vous inculquer des idées pour y échapper. En fait, le terme « méditation », que j'utilise pour votre compréhension terrestre, pourrait être remplacé par « techniques de démantèlement de frontières entre le physique, l'éthérique et le spirituel ». Oh ! N'ayez crainte de vous désintégrer trop tôt et d'en mourir, car le rusé mental vous sauvegardera encore assez de frontières nécessaires à votre comportement terrestre.

Certes, dans ma dernière incarnation, j'ai vécu dans un milieu très chrétien, dans le plus grand respect du nom de Dieu et du Christ. Mes lectures allaient chercher des détails de la vie ancienne au temps du Christ et de la Bible pour nourrir ma curiosité à la fois physique et spirituelle. Cette démarche dans un monde ainsi constitué m'a aidé à comprendre la nécessité de la bonté et de la charité pure pour évoluer spirituellement. Dans mon envol après la mort, je n'avais pour vêtements que des actions de bonté et de charité pure ; ce sont ces actions qui m'ont dirigé vers le niveau de vibrations d'énergie-lumière dans lequel je continue à évoluer actuellement. Au-dessus de la charité qu'on dit pourtant « pure » en langage terrestre, mes actes doivent, afin de garantir mon évolution constante, être empreints de compassion. C'est cette dernière qui me pousse à vous dicter comment réduire les frontières entre vos différents corps.

Je vous ai déjà soufflé à l'oreille qu'ici, dans les mondes de lumière, aucune étiquette n'est apposée sur les âmes, qu'elles n'ont aucun niveau de classement conditionnel relatif à leur église terrestre respective. Mon degré d'évolution me permet de vous dire que j'ai toujours un profond respect pour les institutions terrestres qui ont permis à mon âme d'atteindre ce niveau de vibrations. Si j'avais à revivre une courte période de ma dernière incarnation, je méditerais très longuement sur des gestes profondément gratuits du Christ, qui sont d'ailleurs décrits dans les évangiles. Je glorifierais les noces de Cana, la multiplication des pains et le parfum répandu sur les pieds de Jésus par une soi-disant pécheresse. L'infinie gratuité de ces gestes devrait être célébrée dans toutes les églises, pour bien faire comprendre aux âmes que leur envol au moment de la mort sera supporté par le coussin éthéré des actions vraiment charitables, c'est-à-dire motivées sans aucune attente pour la gratification de l'ego.

Chapitre 7

Réincarnation

On n'en meurt pas de mourir.

Question : Recommandez-vous d'effectuer des recherches sur nos vies antérieures ? Y a-t-il des techniques ?

Réponse : En réponse à votre première question, cela n'est pas une nécessité. Cependant, si ces expériences sont tentées, il est superflu d'aller chercher trop de détails. Il faut simplement rechercher des choses importantes qui exerceraient une influence sur le comportement dans l'incarnation actuelle. Les détails superflus n'apportent qu'une satisfaction personnelle, rien de plus. En revanche, ce qui est très valable à rechercher, et surtout très révélateur, sont les informations sur le comportement d'une personne à l'heure de sa mort dans les vies antérieures. Elles peuvent offrir de surprenantes explications d'attitudes dans l'incarnation actuelle. Au sujet des techniques de régression, il est préférable d'avoir l'aide de quelqu'un. Les techniques d'auto-régression, quant à elles, sont difficiles d'application en raison de l'objectivité qu'elles nécessitent. Toutefois, beaucoup de gens peuvent avoir recours à l'hypnose ou aux contacts avec des guides spirituels afin d'obtenir des renseignements sur des vies antérieures. Il n'arrive jamais d'incidents regrettables dans l'application de ces deux dernières techniques.

Q : Pouvez-vous en dire un peu plus sur ce mystère de l'oubli des incarnations passées ?

R : La nature, dans un geste de protection de l'être humain, a fabriqué ce rideau qui voile tout le passé lors de la nouvelle naissance. Dans ma vision cosmique, où je peux observer la fusion des images du passé, du présent et du futur, je comprends que la nature a fait un geste nécessaire et généreux : je vois d'ici les querelles, les imbroglios, les rancunes, les meurtriers devant leurs victimes, les victimes devenant les parents de leurs meurtriers, le fils devenant le père ou la mère... Quel méli-mélo insoutenable dans l'existence terrestre ! Cette vision n'est soutenable que dans le monde de lumière où toutes les causes et effets se fondent dans la même image.

Il est merveilleux, pour vous Terriens, d'avoir aussi cette possibilité, permise par la nature en collaboration avec les mondes de lumière, d'aller chercher quelques bribes d'information dans les vies antérieures, tout juste assez pour élargir le degré de conscience, en somme, ce qui serait nécessaire et suffisant.

Q : Vos lectures sur terre concernant les vies antérieures et la réincarnation abondaient en détails, description de lieux, de paysages, etc. Cela est-il en contradiction avec votre enseignement actuel ?

R : On est plus maladroit sur terre que dans les mondes de lumière. Mon ego s'infiltrait probablement dans mes transes. Si c'était à refaire, je ferais cent fois plus de lectures, infiniment plus courtes, pour aider cent fois plus de gens.

Q : Vous venez de mentionner : *si c'était à refaire*... Pensez-vous revivre d'autres incarnations ?

R : Certes oui, mais je n'ai pas à vous révéler l'époque et l'endroit. Dans les temps futurs, les êtres humains deviendront de plus en plus atterrés par de nouvelles maladies et des cataclysmes. J'irai alors en ces moments-là refaire une ou plusieurs missions spéciales de guérison.

Chapitre 8

Maladies chez les jeunes

*C'est une grande peur que
de vivre en dehors de sa peau.*

Question : Vous ne semblez pas très optimiste sur l'avenir de la santé de l'être humain. Auriez-vous quelques révélations à nous faire à ce sujet ?

Réponse : J'ai une chose à vous révéler, dont le cycle est déjà en marche : beaucoup, beaucoup de jeunes seront malades, maladies anciennes et nouvelles. Elles seront provoquées par la peur de vivre. Cet étrange phénomène comptera ses victimes parmi les jeunes âgés de 0 à 20 ans. Les âmes jeunes débordent d'énergie et, en même temps, elles sont si fragiles, étant ouvertes à tout vent. Leurs chakras sont terriblement ouverts, ouverts par la musique dure *(heavy metal)*. Tous ces jeunes ne connaissent pas les méthodes de protection. Des vents de négativisme entrent à pleine porte. Ils pénètrent jusque dans la racine de leur être, balayent les chorégraphies des atomes et plongent dans des trous noirs, ces vides affreux qui sont le commencement de la mort. Tout devient décentré, car il y a trop de sollicitations. Tous les sens sont durement sollicités par des désirs ou objets extérieurs. Ces jeunes en viennent à ne plus vivre dans leur peau. Et je dois vous répéter bien clairement que *ne plus vivre dans sa peau* amène la maladie, d'une nature ou l'autre. Nous, du plan cosmique, éprouvons une grande compassion devant ce brouillard de négativisme qui s'accroche aux jeunes et les accompagne jour et nuit. Notre tristesse vient du fait qu'on ne peut intervenir du monde de lumière sans que nous ayons reçu une demande, car nous devons respecter le libre arbitre des humains de votre planète. Malheureusement, ces jeunes sont déjà si envoûtés et si noirs qu'ils ne peuvent que difficilement penser par eux-mêmes à des mondes de lumière et invoquer leur aide. Le monde adulte devra donc demander de l'aide pour eux et, il y a urgence, urgence à préparer une rafale d'énergie-lumière pour balayer ce vent de négativisme.

Ne plus vivre dans sa peau, c'est craindre de vivre parce qu'on n'est plus dans son élément. Pour bien comprendre cela, créez-vous l'image du poisson qui se débat désespérément sur un rocher hors de l'eau, ou celle de l'oiseau, les ailes alourdies de pétrole, qui cherche quand même à prendre son envol, et vous saisirez que vivre hors de sa peau est une souffrance réelle dans laquelle s'installe la peur de vivre.

Il faut donc remplacer la peur de vivre par la joie de vivre. Pour vaincre la peur, il faut la comprendre. Où a-t-on peur ? On a peur dans un lieu inconnu, où l'on ne retrouve rien qui nous soit familier. Quand a-t-on peur ? Quand on croit avec raison, ou non, être attaqué sous peu. La planète n'est peut-être plus un lieu familier pour l'enfant, le nid familial non plus. Les petits des humains ont besoin du nid familial beaucoup plus longtemps que les petits des animaux, car ils sont d'une fragilité sans comparaison dans la nature. Ils ont besoin du nid chaud et sécuritaire jusqu'à l'âge de 7 ans. Or, beaucoup de ces petits, au moment où je vous parle, craignent déjà de vivre alors qu'ils sont encore dans le nid familial...

Je dois vous expliquer ce qui amène cette peur de vivre. Premièrement, l'âme des parents est elle-même affolée, décentrée, et l'enfant ressent cette fébrilité malsaine et continue. L'âme des parents se nourrit, entre autres, d'un téléviseur constamment allumé charriant toute la violence de la planète en images choisies, accompagnées de musiques appropriées. Dans un tel environnement, il est bien difficile pour l'enfant de ne pas développer la peur de vivre, d'où un stress inquiétant qui s'accumule déjà à cet âge. Le vieillissement physique aussi s'accélère déjà à un rythme anormal, et je ne souligne que le cas de l'enfant normal qui ne vit pas ou n'a pas encore vécu les cataclysmes, la guerre, la torture ou le travail dans les mines, comme en Amérique du Sud. Vous vivez toutefois dans une ère où même le contexte du nid familial de l'enfant normal est stressant. Il n'est donc pas surprenant de retrouver une peur de vivre aussi répandue chez les enfants. Quelques mouvements de grande charité œuvrent actuellement, mais les moyens sont tellement faibles devant l'ampleur de cette misère, qu'ils ne travaillent que sur les cas extrêmes, où la maladie est déjà bien installée.

Q : Pourquoi Dieu permet-il que cette misère touche les enfants ?

R : Dieu ne défend rien et permet tout. Dieu n'est pas un juge terrestre, ni un roi, ni un despote, ni le chef des armées. Tout au long de l'histoire, on L'a investi de tous les attributs possibles. Cela plaît à l'imagination, mais quand on le vêt ainsi, on le limite. Pourtant, il est sans limites.

Dans notre monde de lumière, nous vivons aussi avec le concept de Dieu. Pour nous, il est le souffle créateur, incessant. La création est continue. Voyez seulement dans l'être humain toutes les nouvelles cellules remplaçant constamment les anciennes. Les chorégraphies des atomes sont une création continue. Ma vision cosmique me permet de les contempler, qu'elles soient physiques ou éthériques. Et quand certaines chorégraphies se désordonnent ou se dissolvent, il s'installe chez nous, dans ce monde de lumière, non pas la tristesse, car la tristesse est incompatible avec l'énergie-lumière, mais de la compassion, dont la manifestation exige toutefois des demandes : notre compassion vers la planète Terre ne peut s'écouler que si nous sommes sollicités. Le libre arbitre doit être respecté, car il est comme un dédoublement du souffle créateur originel, et un produit de l'amour infini, inconditionnel. Dieu providence, c'est la compassion.

Q : Pouvez-vous définir en termes simples ce qu'est la compassion ?

R : C'est le débordement d'une énergie venant du cœur ou du centre de la personne vers une autre personne. Dans votre langage terrestre, le mot compassion suggère un partage de souffrance. Dans ma vision cosmique, je le définis comme un débordement d'amour se manifestant à partir d'une prise de conscience de la souffrance d'une autre personne. L'aide venant des mondes de lumière est purement compassion dans ce sens précis. Ce débordement d'énergie-lumière est canalisé vers des humains pour élever la conscience et soulager ou guérir par l'augmentation du niveau de la conscience. Quand le voile de la noirceur est soulevé, il y a beaucoup moins de peur dans cet éveil de la conscience.

Q : Revenons aux enfants de 0 à 7 ans, qui sont ou deviendront malades en grand nombre selon vos prévisions. Comment pouvons-nous concilier votre aide avec la nôtre ? En pratique, que pourrions-nous faire d'urgent pour corriger la situation ?

R : Pour obtenir de l'aide du monde de lumière, il faut d'abord le demander. En revanche, ceux qui en feront la demande ne recevront pas du haut des airs des paquets ou des liasses d'argent... Ils recevront d'abord de la lumière, afin de les aider aux prises de conscience très profondes. Ces dernières montreront les moyens à utiliser.

Q : Si nous demandons votre aide immédiatement par cette question posée, quels moyens pratiques nous suggérez-vous ?

R : Il n'y a plus aucun silence dans les maisons. Ou la radio, ou la chaîne stéréo, ou le téléviseur fonctionne, et souvent les trois en même temps. Rien n'est en sourdine et le bruit est la plupart du temps au-dessus de la norme de décibels acceptable pour l'oreille humaine. Dans une seule journée, on aura transporté dans vos maisons toutes les horreurs commises dans le monde, avec grands cris et fracas ; on aura ouvert les chakras des enfants par un martèlement musical exagéré. Que chaque parent s'arrête seulement quelques minutes et s'imagine un petit enfant au berceau recevant tous ces messages. Si le parent est honnête, il aura peur. Je le répète, à la différence du monde animal, le petit des humains est fragile jusqu'à l'âge de 7 ans. Aussi, l'effet désastreux des longues expositions au vacarme et à l'abondance d'images de désordre n'est pas suffisamment compensé par la douceur des bras ou du sein maternels. L'enfant ainsi décentré ne peut se recentrer que par le toucher affectueux des parents. Il n'a pas d'autres moyens, le pauvre. Vivre décentré conduit directement au stress exagéré et finalement à la maladie. L'enfant ainsi placé dans ce contexte développe *la peur de vivre,* car c'est le seul contact qu'il a avec le monde. Déjà, il n'est plus bien dans sa peau, il cherche alors à vivre en dehors. Et comme les enfants sont au début d'une incarnation, donc plus sensibles, ils souffrent davantage. Que l'on songe un seul instant aux jeunes enfants qui ont subi le bruit intensif et continu des bombardements en Irak, lors de la guerre du golfe. Résultat ? Multiples lésions physiques et éthériques qui nécessiteront des thérapies spéciales.

Vous avez posé la question pour connaître des moyens pratiques de corriger la situation. Certes, il faudra créer à l'intérieur des foyers des heures de silence profond, à titre de compensation. Pendant ces moments, les parents devront toucher, caresser l'enfant, afin qu'il reprenne confiance dans la bonté de la vie et, ainsi, diminuer sa peur de vivre. Pour l'enfant au berceau, que la mère le presse sur son sein et le caresse longuement. Pour les plus vieux, il faut inventer des jeux qui les aident à se recentrer : dessiner des cercles sur le sol ou le plancher, et y faire circuler les enfants en tournant dans le sens contraire des aiguilles d'une montre, comme il a été décrit précédemment. Leur faire également dessiner des cercles continus de droite à gauche. Il n'est pas nécessaire de leur expliquer le pourquoi. Le bien-être qu'ils en ressentiront fera naître en eux le goût de ces jeux.

Q : Qu'arrive-t-il aux jeunes de 7 à 20 ans ?

R : Beaucoup, beaucoup de maladies sont à prévoir pour eux. Ils sont très, très sensibles, sollicités à l'extrême par les biens de consommation qu'ils utilisent également à l'extrême. Ils vivent complètement en dehors d'eux-mêmes et développent ainsi une grande peur de vivre. En plus du bruit, de la musique chaotique, et des images à profusion, il faut y ajouter la fumée, la drogue et l'alcool. On ne pourra pas tous les sauver, malgré la meilleure volonté du monde. Tant de gadgets ont été mis à leur disposition pour les sortir d'eux-mêmes et les étourdir qu'on ne sait pas trop par où commencer pour les réveiller.

Le premier obstacle qui se présente est la non-confiance des enfants envers les parents. Étant au début de leur incarnation présente, il leur est difficile de la comprendre, ne l'ayant que trop peu vécue. Or, si on ne comprend pas cette vie, comment peut-on l'aimer ?

Un autre obstacle qui ne facilite pas la tâche de comprendre la vie est l'esprit de compétition, qui accapare tout le temps disponible. On n'a plus le temps de vivre : il faut gagner à tout prix et tout de suite. Comment peut-on aimer la vie, si on n'a pas le temps de la vivre ? Si l'on n'apprivoise pas la vie, elle finira par faire peur.

En plus des gadgets étourdissants destinés aux loisirs, on a inventé des gadgets formidables pour l'exercice du mental. L'informatique accapare tout le mental jusqu'à l'épuiser. La formation scientifique exige de longues heures d'exercice du mental. Ainsi, en ajoutant les heures de sommeil strictement nécessaires et une heure ou deux d'étourdissement dans les loisirs, on atteint les 24 heures d'une journée, et il n'y a pas de place pour comprendre la vie et, par conséquent, l'aimer. La sécheresse du cœur s'installe alors, toujours croissante. À vouloir étouffer l'amour de la vie, c'est la vie qui étouffe et le suicide devient une option.

Votre société actuelle ne favorise pas facilement le respect du parent, du professeur ou même du religieux. Pourtant, il faudra que des adultes gagnent la confiance des jeunes pour établir le dialogue. La notion de compétition devra être remise en question, afin d'avoir du temps pour comprendre la vie. Imaginez la levée de boucliers contre celui qui annoncerait que la compétition est à proscrire… Néanmoins, il faudra faire naître dans le cerveau de ces jeunes des images de sommets à atteindre sans l'idée obligatoire du premier arrivé. En somme, leur faire comprendre que le plus important n'est pas d'être le premier, mais simplement d'être là. En même temps, il faudra faire naître au niveau du cœur cette image que, dans un monde sans compétition, le premier aide le second à le dépasser, et ainsi de suite. Pour que ces images s'impriment fortement, le rideau intérieur doit cesser de vibrer aux bruits et appels de toutes sortes. Avant d'apprendre à aimer la vie, il faut apprivoiser le silence et l'aimer. Si un bruit s'écoute, le silence aussi s'écoute. Au début, le contraste sera si grand que ces jeunes croiront que le silence est agressant en soi, d'où l'importance de leur apprendre à meubler le silence pour le rendre acceptable.

Des techniques de méditation active seront utiles à cette fin. Il serait préférable de ne pas utiliser les mantras pour couper court à la verbalisation, car le mental ira chercher la signification des mantras et verbalisera des théories. Les mantras peuvent être remplacés par des images de forme géométrique, entre autres le triangle. Il suffit de s'asseoir tranquillement, de fermer les yeux et de laisser venir dans tout son intérieur des images de triangles, les laisser parader, sans choix, sans provocation. Qu'elles soient ordonnées ou non, qu'elles soient brillantes ou noires, qu'elles arrivent comme sortant d'une tempête ou venant calmement du fond de l'horizon, ces images doivent entrer sans être jugées, arrêtées ou analysées, et le tour est joué, le silence sera apprivoisé.

La répétition quotidienne de cet exercice installera à l'intérieur de l'être une zone de silence, d'où naîtront des prises de conscience de la vie dans son instant présent. C'est comme si on réalisait, le temps d'un éclair ou en quelques secondes, qu'on est bien en vie. Il ne faut pas fournir d'efforts pour prolonger ces images, de même qu'on ne tire pas sur la tige d'une fleur pour la faire grandir. Elle doit venir d'elle-même, comme d'une pulsion du sol. À mesure que le sol intérieur de l'être deviendra apaisé et plein de puissance, les images s'agrandiront d'elles-mêmes pour induire des prises de conscience de plus en plus fréquentes et prolongées, qui pourraient aussi être considérées comme une saisie sur le vif de la vie, en développant l'amour pour la vie.

Votre société dit qu'il est normal pour les jeunes de vouloir tout chambouler dans la vie. D'abord, le mot normal devrait être changé pour le mot usuel. Ce désir de tout changer pour changer exprime bien cette sensation qu'ont les jeunes de ne pas vivre dans leur peau et, ainsi, de ne pas aimer la vie telle qu'elle se présente à chaque instant.

Chapitre 9

Jeux spirituels

Jouez avec la lumière. À la fin, vous serez lumineux.

Question : Charité et bonté ! Voilà votre insistance. Vos amis vous demandent d'en dire davantage sur les gestes de charité réels. Comment peut-on les reconnaître ?

Réponse : Puisque j'ai à utiliser le langage terrestre, je tenterai de vous définir charité et compassion telles que je les comprends au niveau de mes vibrations. La charité est propre au genre humain et la compassion appartient au monde de lumière. Cependant, cette forme d'énergie-lumière, la compassion, condescend à entrer dans le cœur éthérique quand il y a une demande sincère et pure.

La charité est limitée, parce que le mental y fait vite intervenir l'ego. La charité est fière, orgueilleuse et réussit rarement à se dégager du mental, qui organise toujours les choses en fonction d'un retour quelconque. On ne veut pas afficher qu'on attend quelque chose en retour, mais le mental réussit à se manifester, jusqu'à produire de la tristesse, s'il n'arrive rien en retour.

La compassion, elle, est infiniment gratuite, aussi gratuite que l'arbre qui offre au soleil l'abondance de ses feuilles au printemps. Elle pourrait s'appeler la charité de Dieu. C'est la surabondance gratuite. L'arbre n'aurait que quelques dizaines de feuilles qu'il serait déjà beau, mais il en a été pourvu de centaines et de centaines, beaucoup plus que le strict nécessaire. Ainsi est la charité de Dieu : c'est la compassion, le don dans une abondance sans fin, qui n'a « presque pas de bon sens » selon une de vos expressions terrestres.

Ainsi, quand je vous demande d'amincir vos frontières entre le physique, l'éthérique et l'âme, c'est afin de permettre à la compassion de se frayer un chemin à travers tous les corps. Votre charité humaine se transformera alors un peu plus en compassion. Et cette énergie, compassion du monde de lumière, ne s'altère pas au contact de l'humain.

Q : J'ai mis en application la technique de méditation sur des points argentés, et l'ai montrée à d'autres personnes. Vous pouvez voir cosmiquement ce que j'ai fait. Pouvez-vous m'indiquer de nouvelles suggestions ou des conseils utiles ?

R : Votre expérience de la méditation vous permet de l'expérimenter dans l'action aussi bien que dans l'immobilité. Quand vous la pratiquez dans l'immobilité, j'ai remarqué que vous avez certaines réactions, comme dans une séance de *rebirth* : les bâillements deviennent profonds, et un immense besoin d'étirer la colonne vertébrale se fait sentir. La fixation de points lumineux, tournant sur eux-mêmes à des vitesses folles, a la capacité d'éveiller des énergies nouvelles, et le corps a besoin de les assimiler, ce qui explique ces réactions. Il ne faut pas chercher à fixer le point au même endroit plus longtemps que nécessaire, aucune tension ne doit être créée ou entretenue. De toute façon, l'effet se produit très rapidement. Laissez les points exécuter leur danse comme des lucioles dans la nuit, dans la grande légèreté du vent. Cependant, quand vous êtes en mouvement et qu'il y a de fortes tensions, dirigez un point plus important et plus intense au centre du troisième œil. Une circulation d'énergie du corps physique au corps éthérique s'opérera, et vice-versa. L'équilibre s'installera bien vite, comme dans des vases communicants. Rapidement, cette pratique deviendra comme une seconde nature. Le tout se déroulera sans effort chaque fois que la nécessité s'en fera sentir. L'effet merveilleux d'éprouver soit des énergies nouvelles ou une nouvelle circulation d'énergies longtemps retenues se manifestera presque instantanément. Le raffinement de travail de ces points est presque sans limites. Les sensations qui découlent de cette expérience ne se décrivent pas facilement à cause de leur subtilité. En guise de conclusion, ces transfusions d'énergie d'un corps à l'autre sont salutaires – elles sont le résultat de ce jeu intérieur de points lumineux de couleur argentée.

Q : Vous connaissez bien l'être humain et son mental, qui requiert toujours du changement... Dans le cas où je me fatiguerais de cette technique que vous venez de décrire, en auriez-vous une autre à me suggérer ?

R : Il sera presque impossible de vous en lasser, car elle est, elle-même, évolutive dans ses sensations. C'est une danse continuelle et toujours renouvelée. Cependant, je connais bien le mental... Voici donc une autre technique, celle du lavage. Un robinet intérieur s'ouvre au sommet du crâne, l'eau descend dans tout le corps, puis s'écoule dans la terre. Il faut visualiser intérieurement tout le processus. Tout devient liquide et coule comme un torrent vers le bas, jusque dans le sol. Tout est simple, mais tout est important. Tentez d'agrandir l'image et la sensation pour que ce torrent déborde des limites de votre corps physique afin d'inclure le corps éthérique dans cette action. C'est le moyen assuré de venir à bout d'une colère. Physiquement, vous connaissez l'effet d'une douche froide ; c'est un peu ce qui se passe à l'intérieur des deux corps.

Cet exercice de visualisation est facile, puisque la sensation s'ajoute aisément à l'image pour améliorer le processus. C'est le départ par excellence pour commencer à se guérir : le torrent balaie et tue les émotions trop fortes, tandis que tout s'active à l'intérieur au contact de l'eau.

Vous pouvez remplacer l'image du robinet par le sommet ensoleillé d'une chute. Il y aura dans votre torrent un mélange d'eau et de soleil, la sensation d'un nettoyage chaleureux.

Q : Vous nous parlez de méditation en station immobile, mais aussi en mouvement. Cela signifie-t-il qu'on puisse prolonger la méditation en travaillant ?

R : Au début, pour se familiariser avec les techniques, il est bon de pratiquer des méditations immobiles, pour ainsi dire. Dans les premiers mois, celles-ci ne doivent pas dépasser quinze minutes, à moins que vous ne soyez depuis longtemps déjà rompu à d'autres techniques de méditation. Cependant, ceci ne vous empêche pas, à chaque fois que vous y pensez, d'installer en vous des points lumineux pour quelques secondes, ou de devenir une chute éthérique pendant une ou deux minutes. Dans les moments de grandes tensions, de panique, de longues stations dans des lieux négatifs, il est bon de passer mentalement sous la chute d'eau. Vous aurez nettement l'impression que les choses négatives ne s'accrochent pas à vous. Quand vous ressentez dans votre corps des points de lassitude ou de souffrance, dirigez un point lumineux argenté pour vriller cette tension. Avec un peu d'habitude, l'effet sera instantané et créera un relâchement de tension. Il est possible que, dans un moment de grande tension psychique, en tentant d'appliquer l'une ou l'autre technique, un moment de doute ou de grande révolte se dresse contre elle. N'insistez pas, en aucune façon. Le moment favorable à l'application de ces techniques amies se présentera de lui-même.

Chapitre 10

Liberté

Sur les bancs de l'école, il y a les punitions et la distribution des prix.

Question : Vous nous avez décrit précédemment le profond respect du monde de lumière envers le libre arbitre. Néanmoins, quand on se torture devant des décisions à prendre, on doute fort de la soi-disant qualité ou cadeau du libre arbitre. Pouvez-vous donner plus d'explications sur les notions de destin et de libre arbitre ?

Réponse : Le libre arbitre est une manifestation ou qualité de l'âme. D'ailleurs, il suit l'âme dans le monde de lumière. En quittant la planète Terre, je croyais m'en être débarrassé. Maintenant, ma conscience plus éclairée dans ce monde de lumière me le fait apprécier vraiment. Plus on évolue spirituellement, plus on se rapproche du souffle créateur et plus ce libre arbitre devient étincelant. C'est comme l'échelle nécessaire dans la montée spirituelle. Le souffle créateur a rendu l'humain créateur. Des parcelles du souffle créateur se sont glissées dans la création de l'être humain.

Il y a donc en vous, chers amis terrestres, des composantes du pouvoir de créer.

Imaginez un instant ne pas avoir de libre arbitre. Vous seriez tout à fait semblables aux robots que vous créez vous-mêmes, soit des êtres programmés. Comment faire évoluer un être programmé, sans lui changer son programme ? Et si l'on change le programme, l'être tout entier change, comme si, sur chaque barreau de l'échelle dans la montée spirituelle, il y avait un être nouveau. En quittant un barreau, l'être meurt. Et celui qui est posé sur le barreau suivant est un être tout à fait nouveau, qui n'a pas le pouvoir d'atteindre un autre barreau, ni en montant ni en descendant.

Je constate que vous n'êtes pas encore satisfaits de mes explications, et je vois dans vos cerveaux poindre ces questions : « Pourquoi avons-nous le libre choix de créer le mal ? », « Dieu lui-même a-t-il ce pouvoir de créer le mal ? » Étant au sommet de l'échelle, Dieu est donc au sommet de l'évolution spirituelle.

Cependant, pour atteindre le sommet, l'être humain doit expérimenter la montée de l'échelle. Il aura à connaître de bonnes et mauvaises choses pour son ascension. Ainsi, il aura à se rendre compte éventuellement qu'il vaut mieux utiliser les deux pieds et les deux mains pour une ascension plus rapide. De plus, il pourra même se créer des situations dangereuses pour expérimenter la meilleure façon de grimper à l'échelle. Pour aller jusqu'à l'absurde, imaginez qu'un humain pourrait même se permettre de tomber sur la tête pour apprendre qu'on ne monte pas facilement à une échelle la tête en bas. C'est ainsi qu'il faut comprendre que le libre arbitre a le pouvoir de créer du mal. Il n'y a pas que le mal que l'on se fait à soi-même, il y a aussi celui fait par les autres.

Vous acceptez plus facilement d'expérimenter le mal créé par vous-même, mais quand il est causé par d'autres personnes, vous n'y comprenez plus rien et vous vous révoltez. La plupart du temps, vous ne voyez aucune nécessité de l'expérimenter pour grandir spirituellement.

Comment donc s'y prendre pour accepter l'acte d'un criminel, d'un voleur, d'un fraudeur, d'un chauffard ivre, d'un sidéen qui répand consciemment sa maladie ? Tous ces actes peuvent se produire, et vous n'êtes jamais en sécurité sur cette terre, à moins d'être… mort.

Vous voulez maintenant savoir si, au moment où vous décidez d'une réincarnation, vous avez vraiment choisi tout le mal qui va vous arriver ? Pour décider de son incarnation future, s'il y a lieu, l'âme a déjà l'expérience d'une ou plusieurs incarnations passées. La méditation dans le monde de lumière lui montre très clairement les leçons manquées.

Alors elle choisit, selon ses critères, l'époque, le lieu, la famille, la couleur de la peau, etc., puis elle se réincarne. Et, à la naissance physique, la nature lui bloque la mémoire des incarnations passées. Est-ce vraiment pour rendre le jeu plus difficile ? Je vous dis tout de suite que la nature fait bien les choses et qu'il est vraiment préférable que la nature ait bloqué cette mémoire. Imaginez un peu la situation de la victime qui reconnaîtrait instantanément son assassin dans une vie antérieure, comme je l'ai déjà indiqué...

Cela n'exclut pas la recherche de détails de vie(s) antérieure(s) pour expliquer et faire disparaître des attitudes, des peurs et, parfois, des maladies. Cependant, là encore, la nature fait bien les choses et ne livrera que des détails non futiles, néanmoins parfaitement acceptables par vous, sans donner lieu à la révolte, à condition de le demander avec amour et dans le but de garantir l'évolution de son âme. Je m'explique : lorsque vous serez confronté au mal, il y aura en vous l'explosion d'une révolte, qui naît de la non-compréhension immédiate. Pour calmer la révolte, il faut d'abord accepter qu'il soit normal qu'il y ait révolte, et devenir indulgent envers soi de ne pas comprendre tout de suite. La constatation suivante est vraiment surprenante : le fait de prendre conscience que la révolte procède de l'incompréhension est tout à fait apaisant. Et si, à travers les étapes de l'apaisement, il vient à votre conscience que ce mal a dû être pesé lors de la décision de l'incarnation, parce qu'il y a eu dans le passé une leçon mal apprise, vous constaterez que des formes d'énergie nouvelle se libéreront pour continuer à vivre ce mal sans en mourir. C'est à ce moment qu'on doit demander de l'aide au monde de lumière afin de comprendre toute la leçon, car dès que celle-ci est apprise, le mal n'aura plus sa raison d'être.

Il est quand même réconfortant de penser que le mal cesse dès que la leçon est apprise. Toutefois, le doute s'installera très vite si le mal persiste sous la même forme. Je vous dis alors de recommencer humblement à mieux comprendre la leçon. En effet, si le mal continue, c'est que la leçon a été mal apprise. Méditez, demandez de l'aide, la réponse arrivera nécessairement et cette forme de mal cessera. Cependant, me direz-vous, si le lendemain, une nouvelle forme de mal s'installe, vous conclurez bien vite que la planète n'est qu'une vallée de larmes et que l'exercice de méditation n'est qu'un jeu du malin pour se moquer de vous. Et là, je vous dis de recommencer humblement à comprendre une nouvelle leçon. Alors, me direz-vous encore une fois, n'y aura-t-il donc jamais de répit ? Répit, oui, car il y aura aussi de la joie à apprendre des leçons. Sur les bancs de l'école, il n'y a pas que les punitions, il y a aussi la distribution des prix.

Q : Comment est-il possible à des gens pauvres, illettrés, qui survivent dans des endroits frappés par les éléments tels que des cataclysmes, de parvenir à comprendre une telle leçon ? Des leçons sont-elles si terribles à apprendre qu'il faille en mourir ?

R : Dans ces corps à peine vivants, parfois desséchés, parfois renversés par la boue, il y a des âmes. Et, croyez-le ou non, il y a toutes sortes d'âmes. Parfois, très évoluées après avoir habité le monde de lumière à des niveaux très subtils d'énergie-lumière, elles décident de faire une courte apparition sur la planète pour expérimenter une manière d'être. Pour ces âmes, cet apprentissage correspond au besoin de satisfaire une faim d'énergie-lumière encore plus subtile.

Il est bien mystérieux pour l'esprit humain de concilier un tel besoin subtil d'énergie-lumière de très haute vibration avec la plus grossière des misères, celle qu'il est pratiquement impossible de soigner. Cela bouleverse la notion universelle reconnue sur terre que, après la mort, c'est enfin et nécessairement le repos éternel. Vous comprenez mal que l'âme a encore faim après la mort. Et quelle grande désillusion pour ces fatigués de la vie d'apprendre qu'il n'y a pas de repos pour l'âme après la mort !

Dans ces corps desséchés ou boueux, il y a aussi un grand nombre d'âmes rampantes dans le bas astral. Bien qu'elles aient quitté le corps physique, elles ne se retrouvent pas :

leur déconcentration terrestre se continue dans l'au-delà. Souvent, elles pensent avoir besoin d'une réincarnation courte et rapide pour s'autopunir, car elles ne s'acceptent pas comme elles sont, meurtries sur des chemins d'évolution ou, mieux, égarées dans des chemins d'évolution sans issue. Ces retours prématurés et de courte durée vers la planète ne sont pas toujours les meilleures voies, mais tout ceci fait encore partie du libre arbitre qui décide de l'autopunition. Pour utiliser très clairement votre langage terrestre, je vous dis que ce sont des âmes qui n'ont pas encore accepté de se regarder dans le miroir. Ne s'étant pas acceptées, elles ont peur d'y rencontrer leur propre visage.

J'aimerais ajouter ceci : au quai d'arrivée des âmes, il y en a sans lumière, d'autres, à l'inverse, avec des bougies à la flamme vacillante. Ceci constitue pour nous un SOS, car souvent cette âme à la bougie vacillante demande à être aidée. Et nous l'aidons. Cependant, nous ne pouvons aider celles qui se refusent à la lumière. Ces âmes rampantes du bas astral ont conservé beaucoup d'attitudes de leur dernière incarnation et s'accrochent aux humains dans un effort de compréhension. D'ailleurs, beaucoup de personnes traînent ces entités comme de lourds havresacs. Rien pourtant n'oblige l'humain à conserver ces poids inutiles. Cependant, plusieurs êtres, de part et d'autre, recherchent la communication, bien que ces communications entre le bas astral et les humains soient souvent futiles et ne contribuent en rien au développement spirituel des deux parties.

Chapitre 11

Communication avec l'au-delà

Merveilleuses échappées de l'âme.

Question : Vous semblez peu d'accord dans cette dernière dictée pour la communication avec les défunts. Est-ce que vos lectures sur terre provenaient de communication avec eux ? Et si c'était à refaire, feriez-vous encore des lectures ?

Réponse : J'ai identifié les âmes rampantes dans le bas astral. On peut les reconnaître si la communication laisse une certaine lassitude et ne crée pas une joie profonde et durable. S'il en est ainsi, il faut couper court à ces communications qui sont épuisantes et ne sont d'aucune aide.

Cependant, si vous voulez communiquer avec des parents défunts dont le décès est assez récent, il vaut mieux alors s'adresser à vos guides du monde de lumière. Ils vous transmettront les messages et, s'ils le jugent opportun, ils vous établiront une communication directe. Pendant un temps plus ou moins long, les âmes nouvellement débarquées sont comme abasourdies (je vous ai partagé l'image d'un adulte qui apprend à monter ou à descendre un escalier). Ainsi, les communications risquent d'être épuisantes pour l'être terrestre et agaçantes pour l'âme qui expérimente une forme de nouvelle naissance.

Lors de mon passage terrestre, sans en avoir tout à fait conscience, car j'étais protégé par la transe profonde, j'ai communiqué avec différentes entités : des défunts, des âmes n'ayant jamais connu d'incarnation, des êtres d'autres planètes. Ce n'est qu'après ma mort que j'ai réalisé et compris tout cela. Eh oui, j'ai fait du spiritisme, dans le sens bel et bien interdit par la loi. J'ai d'ailleurs été chanceux d'échapper aux lois de la société contre le spiritisme. J'en remercie mes correspondants de cette époque, que j'ai retrouvés dans mon monde de lumière. Ces âmes d'énergie-lumière étaient habiles, tout en me protégeant par la transe, de ne me dicter que des messages utiles, aberrants parfois, mais qui empêchaient le classement dans les illégalités de la société.

Je suis très heureux que beaucoup de personnes, dans votre monde d'aujourd'hui, deviennent des récepteurs pour établir la communication avec des êtres d'énergie-lumière. De plus, je suis charmé par la facilité avec laquelle la communication peut s'établir : la plupart du temps, il n'est même plus nécessaire d'utiliser la transe à titre de protection. Et ce phénomène de transe légère ira toujours en grandissant, avec la complicité de la compassion du monde de lumière.

Ce genre de communication a existé à plusieurs époques dans l'histoire de votre planète, et avec des intensités différentes. Ces phénomènes d'intercommunication deviennent quasi nécessaires dans les moments où les âmes sur votre planète se sentent complètement emprisonnées dans le corps physique, vivant des émotions de façon tellement intense qu'elles se sentent étouffées et souffrent de claustrophobie. Le monde de lumière devient compatissant à cette forme de misère et facilite la communication pour les réconforter. Bienvenue aux communicatifs : il y aura réponse...

L'âme, enveloppée dans le corps physique, a besoin d'une forme d'oxygène pour demeurer éveillée, et c'est dans la contemplation qu'elle se procure le plus cette forme d'oxygène. Malheureusement, la vie dans le monde industrialisé ne facilite pas les moments de contemplation sereine. La nécessité du travail fait souvent qu'au lever du soleil, vous êtes déjà dans le métro souterrain et au crépuscule, vous êtes complètement épuisés non seulement par le travail souvent stérile, mais autant, sinon plus, par le tumulte de la circulation. Comme peu de gens aiment leur travail, il y a peu de chance qu'un état de contemplation puisse s'installer en eux pendant leur travail.

Il est facile d'imaginer que, dans l'ère non industrialisée où presque rien ne se fabriquait à la chaîne, le laboureur n'avait pas à compter le nombre de sillons pour savoir si son quota serait atteint au coucher du soleil. Dans le regard du champ labouré qui s'agrandissait, l'âme pouvait ainsi s'échapper dans le grand calme et participer à la joie du travail qui s'accomplissait. Il est plus difficile d'imaginer qu'il puisse y avoir des moments d'apaisement dans le travail d'une employée de manufacture surveillant à longueur de journée pendant des années la pose de couvercles sur des récipients disparaissant le plus tôt possible pour la rentabilité et contenant souvent un produit polluant pas indispensable à l'être humain. Un tel contexte est peu propice aux échappées de l'âme pour se ravitailler en oxygène. Dans le même ordre d'idées, pensez seulement au non-fumeur qui, par nécessité de la vie, doit travailler à la fabrication de cigarettes.

Quelle frustration physique, mentale, éthérique ! Je demande à ces héritiers d'un labeur frustrant de compenser le plus possible par la pratique ou la contemplation de travaux artistiques. C'est le moyen par excellence d'aller à la rescousse de l'âme, puisque l'art, pour son travail de création, se nourrit d'une grande part de l'éthérique et de l'âme. Souvent, l'art exprime l'aspect indicible de l'âme. De même que le corps construit avec l'éthérique des œuvres d'art visibles ou audibles, l'âme peut construire des œuvres artistiques dans le cosmos, et participer avec le monde de lumière.

À quoi peut ressembler, me direz-vous, une œuvre artistique de l'âme ? C'est la compassion à travers cette création, qui cherche à extérioriser une forme pure de charité ou de bonté terrestre. L'apport à la guérison physique ou spirituelle qu'un bénévole donne à une âme sur le point de quitter le plan terrestre ou qui expérimente un envol sur la piste cahoteuse des souffrances, est une création artistique de l'âme. Et vous savez, vous Terriens, combien peut être génératrice de joie la création artistique...

Quant à votre toute dernière question, à savoir si c'était à refaire, ferais-je encore des lectures ? Oui, si je devais revivre à la même époque. Néanmoins, si je devais être incarné à l'époque actuelle, j'établirais un lien sans transe avec le monde de lumière, ce qui me permettrait de communiquer avec un plus grand nombre de personnes et de leur révéler beaucoup plus de choses à la fois. J'inviterais également vos âmes, ainsi que je le fais présentement, à créer des œuvres artistiques en utilisant comme matériaux la compassion et la bonté.

Chapitre 12

La faim dans le monde

C'est votre création, donc la solution est en vous, Terriens.

Question : Nous avons de la difficulté à concevoir ou à mettre en images ce concept de création artistique de l'âme. Pouvez-vous nous suggérer des images pour satisfaire notre mental ?

Réponse : Nous, du monde de lumière, quand nous regardons la Terre avec nos yeux cosmiques, il y a plus profonde grisaille que les bavures de vos usines causant la pollution : c'est la mauvaise distribution des réserves de nourriture. Des êtres de lumière à des niveaux supérieurs au mien me suggèrent de vous dire ceci : « Que la race humaine fasse disparaître dans son monde le problème de la faim, et nous lui promettons de guérir la planète de tous les maux causés par la pollution. » On ne peut trouver message plus compatissant. Et je ne peux, non plus, trouver les mots terrestres pour vous décrire la compatissante joie de recevoir ou de participer à des niveaux de vibrations encore plus subtiles. Cette énergie-lumière n'a effectivement point de limites dans son raffinement.

La faim dans le monde n'est pas un sous-produit de l'incapacité physique des humains à produire suffisamment : elle est une création du libre arbitre. C'est l'être humain qui a décidé de la faim dans le monde. Ce qui m'est révélé des niveaux supérieurs signifie simplement qu'il semble bien plus facile de produire et répartir convenablement la nourriture que de guérir la planète de la pollution. On vous pardonnerait la pollution, mais je crains qu'on ne vous pardonne de laisser les gens mourir de faim.

La compassion, qui est notre qualité première dans le monde de l'énergie-lumière, ne suscite, ni ne tolère, la révolte. Cependant, cette incompréhension des humains envers leurs semblables est aberrante et nous laisse bouche bée, pour emprunter votre langage terrestre.

Il s'est créé autour de votre planète une forme de supramental collectif dictant aux dirigeants appropriés les directives économiques. Ce supramental a toutes les réponses pour déculpabiliser les humains face au problème de la faim.

Commençons par voir l'enfant qui gaspille sa tartine parce qu'il a trop mangé. Sa mère lui dit : « Il ne faut rien laisser dans ton assiette, car il y a tellement d'enfants qui n'ont rien à manger. » La culpabilité de l'enfant est vite allégée par ce supramental qui l'incite à répondre instantanément : « Mais tu sais bien, maman, qu'ils sont trop loin pour que j'aille leur porter de la nourriture. » Par ricochet, le supramental fera comprendre à la mère possessive qu'il est encore mieux pour son enfant de trop manger que pas assez. Voilà ! Tout est réglé. Et la Terre continue de tourner, alternant ses jours et ses nuits sur des ventres de plus en plus affamés.

Maintenant, l'enfant a grandi. Il est devenu un fermier important. Ses vaches produisent de plus en plus de lait. Ses silos débordent de céréales. Il a utilisé avec grande intelligence tous les moyens pour maximiser le rendement. Toute sa production pourrait nourrir des villages entiers. Cependant, il devient tout à coup infiniment triste : la radio lui crie que les prix vont continuer à baisser, car il a fait trop beau et les fermiers ont trop produit. Il se sent coupable surtout de ne rien comprendre, car il a une vague souvenance d'images à la télévision montrant des populations entières mourant de faim.

Et voici que le supramental devient plus subtil, s'incarne dans les dirigeants politiques et leur fait inventer des réductions de production sous forme de quotas. Ces chefs s'applaudiront eux-mêmes en clamant qu'ils ont trouvé une solution miracle pour rehausser et stabiliser les prix du marché. Le sourire reviendra sur le visage des fermiers. Ils se diront en eux-mêmes, comme au temps de leur enfance : « Ils sont bien trop loin pour qu'on aille leur porter de la nourriture. » La mince culpabilité s'est déjà envolée. Voilà ! Tout est réglé. Et la Terre continue de tourner, alternant ses jours et ses nuits sur des ventres de plus en plus affamés... Vous comprenez peut-être mieux maintenant que l'énergie-lumière, elle-même, frémit devant ces aberrations. Vous comprenez que nous en restions bouche bée.

Or, il y a pire encore. L'enfant grandit et devient chef politique avec tous les pouvoirs que lui confère son rang. Il a maintenant aussi un siège à la table des gouvernants du monde. Là aussi, lors de cérémonies, la table est bien garnie de nourriture. Par politesse, il doit même en rester dans les assiettes et à la cuisine. Des fonctionnaires bien nourris feront le service. Entre le plat principal et le dessert, voilà que les voix deviennent graves. Le sujet porte sur un chef de pays récalcitrant qui possède beaucoup d'armes et menace la sécurité du monde. Ainsi, animée au départ, la discussion devient chuchotement, afin d'étouffer la naissance d'un sentiment de profonde culpabilité : au fond, chaque chef attablé a consenti, par le passé, dans la noirceur, à vendre des armes à ce chef récalcitrant qui ne veut plus manger avec eux.

Cependant, le supramental, aguerri à travailler avec ces gens, clame royalement que la noirceur a servi leur peuple : les usines d'armement ont grossi le produit national brut, qui a servi à payer l'assurance-maladie, l'entretien des hôpitaux, etc. ; leurs enfants et le peuple ont mangé pendant ce temps. Ce chef récalcitrant est donc bien dérangeant, il faut l'éliminer.

Le supramental s'emballe pour faire comprendre très vite à ces gens tous les bénéfices à retirer d'usines prospères en temps de guerre. Alors mieux vaut s'attaquer à la production tout de suite, on abordera plus tard le problème de la faim dans le monde. Voilà ! Tout est réglé. Et la Terre continue de tourner, alternant ses jours et ses nuits non seulement sur des ventres de plus en plus affamés, mais maintenant sur des ventres éclatés par les bombes.

« Mais, disent-ils encore, la guerre chagrine beaucoup de monde. Nos adolescents partiront pour le champ de bataille. Plusieurs ne reviendront pas. Nos enfants verront des choses affreuses à la télévision. Il ne faudrait quand même pas les traumatiser. De toute façon, les guerres se passent toujours au loin. Les bombardements se feront la nuit. En conséquence, les images du désastre seront moins pénibles à la télévision. De plus, la nuit, on est plus pardonnable de se tromper de cible. » Et voici que le supramental, fort de ces victoires, deviendra très subtil et rassurant, afin que la culpabilité soit moins douloureuse à supporter. Ainsi, on fera des démonstrations pour prouver que les armes ne sont pas meurtrières mais seulement destructrices, par exemple faire sauter un pont après avoir attendu que le dernier piéton ait passé, ou lancer une bombe qui entre par la cheminée pour que l'éclatement sorte par les portes. Espérons au moins que le gardien de nuit a été averti.

On s'excusera d'avoir touché un abri de civils, mais on oubliera de mentionner la torture causée par le bruit infernal des bombardements répétés chaque nuit. Les civils ont aussi des oreilles, et le traumatisme subi est de très longue durée.

Finalement, le problème de la faim préoccupait si peu les esprits que même le camp adverse a oublié de nourrir son armée qui, trop affamée, a dû se rendre. On a gagné la guerre. Voilà ! Tout est réglé. Et la Terre continue de tourner, alternant ses jours et ses nuits non seulement sur des ventres affamés ou éclatés sous les bombes, mais aussi sur un peuple en déroute gagnant les montagnes dénudées et arides, sans abri et sans provisions.

Et voici maintenant la récession. Il faut payer le déficit des bavures de la guerre. Il faut couper dans les budgets. Celui de l'aide au tiers monde ferait bien une première cible, car cette misère est loin de chez-nous, et les électeurs seront d'accord à ce qu'ils puissent manger les premiers. Le supramental sera toujours le grand vainqueur.

Il aurait été acceptable pour le peuple de l'Irak et du Koweït de recevoir du ciel des tonnes de nourriture au lieu des tonnes de fer meurtrier. Le chef Hussein aurait été vraiment aussi étourdi et aussi désarmé. Les usines auraient fabriqué de la nourriture au lieu d'armes, et le profit final pour le produit national brut aurait été le même.

Pour l'évolution spirituelle des âmes, il n'y avait pas d'autre solution que de passer aux actes de compassion. C'est pourquoi, nous vous disons que la faim dans le monde est une création du libre arbitre. Seule une élévation collective de la conscience peut combattre les arguments subtils du supramental, et le travail doit commencer au niveau de l'individu. Que chacun élève sa conscience et le tour sera joué. Ainsi, chaque goutte d'eau individuellement entre dans la vague ; il n'y a plus de gouttes d'eau, seulement une vague avec une grande force de frappe. Tout en demeurant dans l'action, plongez-vous quelque temps chaque jour dans la méditation pour atteindre et jouer avec votre énergie-lumière. Il sera alors impossible de ne pas devenir un peu plus compatissant et former enfin la vague de compassion, balayant de la planète le problème de la faim. N'écoutez en aucune façon les discours et sermons de vos chefs à ce sujet, et ne vous attendez à aucun geste surprise de leur part tant qu'un grand nombre d'individus n'auront pas éveillé leur compassion intérieure, qui est une qualité de l'âme baignée dans l'énergie-lumière.

Le monde des vibrations, à des niveaux qui me sont supérieurs, me suggère de vous proposer le marché suivant : « Que chaque lecteur s'engage à la pratique de la méditation quotidienne et pointe, de temps à autre, un point argenté vibrant et tournant sur une image intérieure de la faim dans le monde. Il n'est pas nécessaire de faire cette méditation longtemps. Et voici quel sera notre engagement, nous, des mondes supérieurs :

1– Pour ceux travaillant actuellement pour des organismes bénévoles ou autres ayant pour but la disparition de la faim dans le monde, nous leur promettons la paix intérieure, pour eux et leur famille. Sans qu'ils aient besoin de la demander, elle leur arrivera sous forme de joie intense (larmes de joie) dans leurs moments de repos.

2– Pour tous les êtres ainsi engagés, nous leur donnerons la vision de l'énergie-lumière quelques instants dans chaque méditation, afin de plus en plus développer en eux le goût de cette méditation quotidienne. Très souvent, au cours de leur travail ou de leurs rencontres sociales, nous leur ferons le cadeau d'une grande paix, aussi douce et rafraîchissante que la rosée de juillet sur une rose s'ouvrant au soleil du matin. Tous reconnaîtront notre signe.

3– Dès que cette misère de la faim aura diminué d'au moins 30 %, nous, des mondes élevés d'énergie-lumière, manifesterons une compassion spéciale pour guérir la planète des maux de pollution. »

Vous comprenez très bien que seule une vague de fond ayant pris racine dans notre énergie-lumière peut émietter le roc fier et orgueilleux du supramental collectif. La faim dans le monde n'est pas un mal venant de Dieu, mais un mal décidé par votre libre arbitre collectif. La tâche est énorme, car il faut élever le niveau de conscience, mais le monde de lumière tend la main et a fait des promesses non habituelles. Courage donc ! Mais, surtout, gardez espoir.

Chapitre 13

Cataclysmes ou mutations

*Votre planète prépare son printemps
et bientôt la sève jaillira comme
du cœur d'un arbre.*

Question : Beaucoup de communications se font actuellement entre le monde terrestre et le monde de lumière. Des Terriens parlent ou écrivent sous l'inspiration de votre monde. Plusieurs de ces messages indiquent des catastrophes de plus en plus proches de nous. Pouvez-vous commenter ces messages ?

Réponse : Les catastrophes arriveront, mais ce que vous appelez « catastrophes » ne l'est pas dans la pensée du cosmos. Évidemment, ce n'est pas facile pour l'ego terrien de reconnaître qu'il n'est pas plus important qu'un nid de fourmis ou qu'une feuille devant le séisme, la tornade ou l'ouragan. Il crie après son Dieu et, Dieu du ciel !, que son Dieu lui semble lointain et pas à l'écoute. Toutefois, il y a un risque à s'incarner sur cette planète vivante... car elle est vivante, votre planète ! Elle a droit à sa santé cosmique et, comme tout bon vivant, elle bâtit pour l'avenir. Elle n'est pas agonisante, au contraire : au centre d'elle-même existe cette lave en fusion, impatiente de jouer son rôle de purification, de renouvellement. Évidemment, pour les Terriens, cette lave en fusion représente l'effroi, la peur de ce feu, de ce bruit pire encore que le tonnerre. Et j'avoue que ce n'est pas facile pour vous de faire l'évaluation cosmique de cette phase pourtant bienheureuse pour votre mère-terre. Cependant, j'ai à vous convaincre de cette réalité.

Tous ces messages que vous recevez de diverses entités du monde de lumière naissent de la compassion de l'énergie-lumière, qui cherche à vous faire accepter, sans peur, tous ces phénomènes de renouvellement. Dans notre monde d'énergie-lumière, nous voyons très bien le déroulement de ces phénomènes et leur nécessité cosmique. Nous voyons la destruction en masse de corps physiques. De merveilleuses réalisations humaines seront anéanties par le feu et la cendre, mais elles ne seront plus nécessaires sur la planète appelée à se renouveler. Beaucoup de celles-ci, d'ailleurs, recèlent dans leurs murs les empreintes d'esclaves, de martyrs, de gens affamés ; et la Terre sera presque heureuse cosmiquement d'enfouir ces laideurs pour les purifier de son feu intérieur. Nous éprouvons une forme de compassion cosmique à la vue du déroulement de ces événements, car notre compassion éprouve le besoin non pas de vous éloigner carrément la peur, mais plutôt de transcender votre peur, de la sublimer pour l'évolution de vos âmes.

Ainsi que je l'ai mentionné au début de mes messages, il est important de ne faire aucun lien entre ces cataclysmes et une autopunition. Le cosmos n'est pas vengeur, votre planète n'est pas vengeresse, elle prend seulement son espace pour vivre et respirer. Qu'on se dise que ce déroulement est une situation cosmique naturelle et non une punition vengeresse, la peur éthérique en sera déjà tellement amoindrie. Reste la peur physique qui pénètre jusqu'au fond des tripes. Comment la maîtriser ? Comme il ne sera pas facile de trouver un abri sécuritaire quelconque au moment de tels cataclysmes, il faudra que votre corps éthérique vienne au secours de votre corps physique. Je vous ai déjà dit que la pratique des techniques de méditation a pour effet de diminuer jusqu'à l'infini les frontières entre le corps physique et le corps éthérique. Alors, il vaut mieux commencer maintenant à amincir ces frontières pour que s'installe presque automatiquement au moment opportun l'aide réciproque entre les deux corps. Les quelques techniques de méditation que je vous ai décrites précédemment sont excellentes pour enrayer la peur, mais j'aimerais vous en suggérer une autre particulièrement efficace.

Peu importe la position que vous prenez, jouez à imaginer que votre colonne vertébrale devient un fil noir, s'étire hors de votre corps et s'allonge jusqu'au centre de la terre. Puis, faites mentalement un nœud à son extrémité pour vous lier fortement à quelque roc immuable. Pratiquez ce jeu mental chaque fois que vous en ressentez le besoin, ou simplement lorsque vous y pensez. Faites-en une sorte de seconde nature, et vous ressentirez très vite un sentiment de sécurité profonde. Au moment opportun, cette seconde nature sera au poste de direction et il sera possible de maîtriser la peur viscérale. Beaucoup, lors de ces événements à venir, courront vers leur église et crieront désespérément vers Dieu pour avoir son aide. Et je vous vois aujourd'hui penser qu'Edgar Cayce est devenu athée en franchissant la frontière de la mort pour enseigner de telles techniques qui vous semblent païennes. Néanmoins, je m'empresse d'affirmer que l'âme, dans un corps physique maîtrisé par le corps éthérique, pourra calmement demander l'aide de son dieu, qui est déjà en elle.

Q : Vous connaissez notre mental infiniment curieux... Il voudrait en savoir un peu plus sur les endroits touchés et les dates approximatives. Pouvez-vous nous informer davantage à ce sujet ?

R : Je ne peux vraiment pas transposer facilement l'horloge cosmique en horloge terrestre. Comprenez que nous, du monde de lumière, pouvons voir avec nos yeux cosmiques l'augmentation des pressions souterraines au cœur de votre planète, tout comme la sève du printemps se prépare à jaillir du cœur d'un arbre. Nous sommes convaincus que la sève jaillira, mais il nous est impossible de vous expliquer ou de situer le moment précis de cette explosion. Cependant, je sais que ce gonflement des entrailles terrestres est beaucoup plus important qu'au temps où je faisais des lectures à ce sujet.

Q : Il semble que ces cataclysmes soient inévitables, selon ce que vous venez de nous mentionner. Comment comprendre alors la promesse décrite plus haut par laquelle le monde de lumière s'engage à guérir la terre de la pollution, si l'homme décide de soulager de 30 % la misère de la faim dans le monde ?

R : Ce monde de vibrations infiniment subtiles au-dessus de moi me suggère de vous indiquer que son travail consistera à diriger les forces telluriques, ou à les canaliser vers des régions moins peuplées. Selon leur promesse, tout le monde cosmique prêtera main-forte. Il s'agit d'une intervention non habituelle liée aux engagements des deux parties. Je ferme les yeux, confiant, car ils vous l'ont promis. C'est tout.

Q : Nous aimerions expérimenter, mes amis et moi, la méditation du fil qu'on noue au centre de la Terre. Son effet nous semble très apaisant. Pourriez-vous nous en parler davantage ?

R : C'est définitivement une technique de centration. Quand on est bien installé dans son centre, la peur reste au dehors. C'est comme celui qui regarde la forte tempête d'hiver à travers une fenêtre givrée par le froid et qu'un bon feu, à l'intérieur, lui fait se moquer de toutes les intempéries. Cette technique est bien adaptée pour la période de survoltage dans laquelle vous vivez actuellement. Il est si sécurisant de convertir la partie inférieure de votre colonne vertébrale en fil noir ou argenté, selon votre goût ou votre humeur, et de le nouer au plus profond des entrailles de la Terre. Et, tout de suite après, il est si emballant de convertir la partie supérieure de votre colonne vertébrale en fil argenté, de le lancer comme un lasso à travers le cosmos et de le nouer à quelque gigantesque arbre de lumière, au plus profond de l'univers. Le bien-être ou l'état d'âme qui en découle n'est pas facilement descriptible en mots terrestres. Cela donne la sensation de vivre sans frontière aucune, de transcender le corps éthérique, d'être bien relié à deux univers.

Les joies du corps éthérique sont aussi souvent indicibles. Au plus profond de votre âme et de votre corps, vous devenez convaincu que rien ne peut maintenant ébranler votre centre. L'image des nœuds cosmiques est très génératrice de contrôle d'énergie dans le corps éthérique. On peut même faire des nœuds de lumière et les cristalliser ensuite, afin de ne plus jamais se perdre. Le corps éthérique, à son tour, perd peu à peu ses frontières et s'agrandit jusqu'à s'ancrer dans des mondes d'énergie-lumière.

Une autre belle image de méditation est la suivante : faire venir du centre de la terre un fil d'énergie noir, puis, du centre du cosmos, un fil d'énergie argenté ou doré, selon votre humeur. Nouer ces deux fils dans le plexus solaire et faire fondre ce nœud dans une fusion de feu (cristallisation).

Q : Où et quand pratiquer ces méditations ?

R : Ces techniques vous sont transmises actuellement pour apprivoiser la peur. Vous aurez besoin de ces techniques lors de l'apparition de certains cataclysmes ou des signes évidents de leur apparition. Il est souhaitable de pratiquer immédiatement ces techniques afin qu'elles deviennent pour vous comme une seconde nature au moment opportun. Ainsi, vous pourrez diminuer la peur, car il y aura une grande panique, et apporter une aide à ceux qui en auront besoin. Ces techniques peuvent être pratiquées dans une posture immobile de recueillement, mais c'est en marchant dans la forêt, méditant, que vous pourrez le mieux ressentir que vos corps physique et éthérique n'ont plus de frontières.

Q : Peut-on pratiquer la méditation lors des longues heures de conduite automobile ?

R : Oui, mais cette méditation doit, à la fois, être en éveil et offrir une protection. Vous devez agrandir mentalement votre corps éthérique pour qu'il entoure complètement la voiture, comme dans une coquille d'œuf. Vous allongez mentalement cette coquille d'environ cent pieds[1] à l'arrière

---

1. Un peu plus d'une trentaine de mètres.

et à l'avant, puis vous pointez votre perception près du sol, autour des roues. La conduite deviendra facile, parfaitement alignée et, surtout, sans fatigue, apportant une extrême protection en même temps qu'un immense bien-être physique et éthérique. Le corps éthérique, tel quel, est déjà presque sans frontières solides, une sorte de lumière liquide que vous pouvez façonner de la meilleure façon possible. Développez l'art de manier cette lumière liquide. La seule limite est votre imagination ou forme d'imagerie mentale.

N'oubliez pas que la lumière-énergie est aussi l'extrême positivisme que vous recherchez tant dans votre société. Beaucoup de personnes simples et charmantes sont naturellement presque sans frontières entre leurs corps physique et éthérique. La plupart du temps, elles exercent un travail très valorisant ou qu'elles adorent, et en sont remplies de joie, en semblant jouer tout en vaquant à leurs occupations. Le terme « jouer » est intéressant et décrit bien ce que je veux dire. Ainsi par une légère imagination, c'est-à-dire sans pression aucune, vous enveloppez votre corps physique d'une aura protectrice. Vous agrandissez cette enveloppe avec vos yeux intérieurs jusqu'à voir votre corps physique, comme un observateur à l'extérieur de votre corps.

Jouez à remplir de conscience cette nouvelle enveloppe qui est votre corps éthérique, et bientôt vous serez le maître de la peur. Jouez à remplir d'énergie-lumière cette conscience, votre corps éthérique ressemblera de plus en plus à un corps fraternel qui couvre votre entourage sans le rendre captif. D'ailleurs, ce corps fraternel n'est jamais un piège pour ceux qu'il touche. Au fond, c'est seulement la peur qui vous retient de manœuvrer facilement entre les corps. Oui, la peur est bien ancrée au fond des tripes, avec comme source principale des enseignements faussés, qui établissent à peu près n'importe quoi comme vérité absolue et démontrent le soi-disant danger d'expérimenter autre chose. Un enfant qui n'aurait jamais touché à la chaleur ou ne se serait jamais brûlé ne peut pas être très évolué dans son éthérique : expérimenter est l'essence même de la nature humaine.

Regardez l'abeille qui butine de fleur en fleur et réalise, à chaque fois, une nouvelle expérience.

Promenez-vous ainsi du corps physique au corps éthérique, faites des allées et venues sans interdiction et sans remords et, un bon matin, il n'y aura plus de frontières, ou si peu. Vous expérimenterez, tout à coup, non seulement la maîtrise de l'émotion trop forte, de la colère, de la souffrance, mais, surtout, d'ores et déjà, la grande absence de peur.

Il n'y a jamais d'inconvénient à vous baigner dans un monde de lumière. Dans votre méditation autour du fil d'argent, rendu à l'étape de la fusion des deux énergies (celle du cosmos et celle du centre de la Terre), agrandissez cette image de fusion, la transformant en lumière presque liquide et baignez-vous-y. Demandez maintenant l'aide de votre imagination, devenue légère et joueuse, pour effacer les limites de votre corps physique, comme avec une gomme. Ainsi, ce dernier n'ayant plus de frontières, la lumière, diffuse et presque liquide, coulera partout, libre, dans cette enveloppe qu'est votre corps éthérique. Vous apprendrez à manœuvrer et à vous sentir à l'aise dans cette première enveloppe, hors de votre corps physique, observant tout à coup ses mouvements pour y voir tous les crochets qui traînent, crochets nés de frustrations, de souffrances, d'enseignements faussés ou mal reçus.

Afin que vous puissiez poursuivre cette expérience, il est maintenant temps de vous dire qu'il existe plusieurs enveloppes du corps éthérique. Ainsi, lorsque vous aurez bien expérimenté la première, vous effacerez les frontières avec la lumière, afin d'entrer dans une nouvelle enveloppe éthérique. Dans celle-ci, d'une certaine façon seulement, vous pourrez expérimenter l'absence de temps et d'espace, tout en demeurant vivant sur la terre. C'est la seconde enveloppe du corps éthérique. Tout comme il faut enlever plusieurs enveloppes pour atteindre le cœur d'un fruit ou d'un arbre, à chaque nouvelle frontière franchie, il y aura moins de densité physique dans l'énergie-lumière et vous expérimenterez de nouvelles vibrations qu'il vous faudra apprivoiser.

À mesure que vous avancerez sur cette route, l'expérimentation sera toujours de plus en plus facile, car vous aurez déjà apprivoisé des formes d'énergie-lumière assez puissantes pour décourager, à jamais, tout recul dans ce cheminement.

Eh bien, oui ! Tout ceci vous est transmis pour vous aider à vaincre les peurs provoquées par des événements mondiaux de grande puissance, qui pointeront au cours de l'existence terrestre de nombre d'entre vous. Ceux qui sauront vaincre la peur pourront aider leurs parents et amis. Ces âmes évolueront rapidement en raison de la compassion qu'elles auront manifestée dans leur existence terrestre. La récompense sera l'abondance de l'énergie-lumière.

Chapitre 14

Arbres, éternels compagnons !

> *L'être humain est apparu parce que
> l'arbre était déjà là ; il disparaîtra
> quand l'arbre n'y sera plus.*

Question : On parle un peu, actuellement, du contact avec les arbres pour régénérer l'énergie humaine. Serait-il opportun, Edgar, de nous enseigner quelques façons de travailler avec eux ?

Réponse : Je suis très heureux que vous me demandiez de parler des arbres. Ce sont des êtres presque humains qui ont souvent vécu plus longtemps que vous et survivront peut-être à vos enfants et petits-enfants. Immobiles, allant chercher leur énergie profondément dans le sol par de très fortes attaches, ces géants se fusionnent avec l'énergie céleste pour faire éclater des milliers de feuilles multicolores abritant le lieu de naissance des fruits.

L'arbre est l'expression complète de la générosité de la mère-terre. Pour l'homme, il représente le symbole de l'espoir constant de la survivance. D'ailleurs, à lui seul, l'arbre est presque une mère pour l'humain. Il peut le nourrir, le protéger du soleil, du froid, mourir dans le feu pour le réchauffer, égayer son cœur par ses fleurs et la couleur changeante de ses feuilles, siffler dans le vent, dresser ses branches ou les rabattre pour annoncer la pluie ou le beau temps, ou choisir de mourir entre les mains d'un sculpteur, afin d'illustrer pour l'humain que tout doit se transformer pour atteindre l'éternel.

Quand vous êtes près d'un arbre, dites-lui bonjour mentalement, remerciez-le d'exister, et dites-lui que, sans sa présence, la planète serait moins belle et moins charmante.

L'arbre est féminin dans la nature, et vous savez combien vos femmes ont besoin de compliments pour faire éclater leur beauté et leur charme sans peur aucune.

Il existe un lien très étroit entre l'arbre et l'humain, car le jour où les arbres disparaîtront de la planète, les humains aussi disparaîtront, faute de ne pouvoir respirer. Dieu a créé les arbres pour qu'ils soient des compagnons inséparables ; les humains ne peuvent pas vivre sans eux. Où il n'y a pas d'arbres, les conditions de vie sont presque impossibles à supporter. Quand la végétation est luxuriante, tout est mieux pour l'homme, pour sa santé, pour son bonheur, etc. Vous n'avez pas le choix : les arbres vous sont nécessaires. Pourquoi alors ne pas vous en faire des amis ?

Maintenant que vous connaissez la technique de méditation avec les fils reliés à la Terre et au cosmos, pratiquez cet exercice en vous servant d'un arbre. Choisissez-vous-en un assez grand et fort vous semblant en bonne santé. Appuyez-vous contre lui, le prenant à bras-le-corps comme un frère. Appuyez-y aussi votre front pour mieux vous perdre ou vous fondre en lui. Ensuite, demandez-lui la permission de vous aider à méditer. Toujours en gardant la même position, projetez mentalement la partie inférieure de votre colonne vertébrale, la prolongeant comme un fil se faufilant entre les racines de l'arbre pour descendre se nouer jusqu'au plus profond des entrailles de la Terre. Maintenant, demandez à votre arbre de se servir de sa puissante énergie pour projeter, au plus loin dans le cosmos, le fil d'argent venant d'une prolongation de la partie supérieure de votre colonne vertébrale. En quelques minutes seulement, vous vous sentirez solidaire de l'arbre. Prolongez cette méditation pour activer un réchauffement physique, très facile à percevoir. Bientôt, vous ressentirez une forme de plénitude, vous invitant légèrement au sommeil. Voilà ! L'ami a effectué son travail, et vous n'avez plus qu'à le remercier avant de le quitter. Après un certain temps d'apprentissage, prolongez cette étreinte avec un arbre pendant dix ou quinze minutes. Il vous sera souvent possible d'expérimenter une forme d'extase dans laquelle s'accomplit, d'un seul coup, la réfection complète de toutes vos énergies.

L'arbre est un guérisseur des âmes et des corps. Ainsi, l'humain accablé par le poids de la vie, ayant perdu son énergie et sa joie de vivre, peut se présenter à un arbre, lui demander de prendre ses problèmes pour un moment et de les renvoyer se purifier à la fois dans la terre et dans le cosmos, afin qu'ils reviennent moins lourds et acceptables à l'humain qui veut continuer à suivre allègrement son chemin. Puissant générateur d'énergie, l'arbre sait imprimer au corps physique une bonne poussée vers la guérison.

Chaque sorte d'arbre a ses particularités dans cette aptitude de guérison. Commençons par l'érable. Il est fragile et souvent malade, mais il est très généreux et donne tout de lui-même. Il a cette patience de vouloir guérir les malaises qui n'en finissent plus, comme l'arthrite et le rhumatisme. Que le malade appuie la plus grande partie de son dos contre l'arbre, tout en s'assurant que sa tête et ses talons le touchent bien. Qu'il pratique cet exercice en plein soleil deux ou trois fois par jour : en peu de jours, il aura complètement oublié quel genre de malaise ou de maladie il avait.

Passons maintenant au bouleau. Il renferme dans son tronc des réserves incroyables d'énergie, mais comme il est lent à se laisser pénétrer, il est moins recommandé aux débutants. Toutefois, il ne faut surtout pas le rejeter, car dès que le malade aura acquis une certaine dextérité avec les autres arbres, il pourra s'attaquer à ce géant d'énergie, et sa récompense n'en sera que plus grande. Le bouleau possède la propriété de transmettre son énergie d'abord au cerveau humain. Le malade colle son corps dos au tronc, principalement l'arrière de la tête. Après avoir posé aussi sa main gauche sur l'arbre, il applique sa main droite sur les organes qu'il veut soulager. Maintenant, un peu de patience. Je le redis, le bouleau est lent à se laisser pénétrer. Lorsque la personne commence à ressentir un réchauffement, l'effet peut parfois être un peu violent, mais dès que cet arbre commence à émettre son énergie, sa générosité est sans borne. Je décris l'effet comme étant un grand réchauffement de tout le corps, mais c'est plus que cela encore... et d'une telle intensité, que le malade se sent comme transporté, tout en expérimentant un certain état d'apesanteur. Le bouleau est généreux, un peu violent dans sa décharge d'énergie et souvent inattendu quant aux effets. Il pourrait dans plusieurs cas guérir certaines formes de cancer. Il faut tout expérimenter avec le bouleau.

Passons maintenant au tremble, au peuplier et au palmier. Ce sont les meilleures sortes d'arbres pour débuter les expériences. Il est facile de travailler avec eux, en ce sens qu'ils offrent un effet immédiat. Au début, il est possible que vous ressentiez une légère nausée ou qu'une forme de buée se forme devant vos yeux. Cela ne présente aucun danger. C'est plutôt l'indication que votre organisme n'absorbe pas l'énergie aussi rapidement que l'arbre la donne. Faites-leur cependant confiance. S'ils donnent si généreusement, ils reçoivent aussi généreusement. C'est pourquoi vous pouvez leur demander de prendre vos problèmes, de les lancer dans le cosmos, afin qu'ils vous reviennent moins lourds, moins pénibles à supporter. Ces arbres généreux sont là pour éliminer vos troubles psychiques. Souples et généreux, ils sont les grands amis de l'humain.

Le cèdre est l'arbre du cœur. C'est le guérisseur des troubles circulatoires et cardiaques. Son action est sans violence et surtout empreinte de douceur, laissant un effet persistant. Voici comment s'y prendre : face à l'arbre, étreignez-le, cœur et plexus solaire contre lui. Ainsi immobile, pendant au moins quinze minutes, perdez-vous en lui afin de refaire le plein d'énergie. Les malades souffrant de haute pression pourraient facilement se régulariser aux contacts fréquents de cet arbre. De plus, il dénoue les tensions dans les articulations. Il est fort possible aussi qu'à son contact, le rythme cardiaque s'accélère. N'ayez aucune crainte, c'est simplement que l'arbre vous prouve qu'il fait son travail. Les séances, je le répète, doivent être assez longues, au moins quinze minutes. Dans la demi-heure suivant la séance, ne faites pas d'exercice violent, laissez votre corps assimiler calmement toute l'énergie ainsi reçue. Les personnes cardiaques percevront très facilement cette nouvelle énergie qui remplit leur cœur.

J'aimerais vous parler maintenant de l'épinette : l'arbre du poumon. Placez votre main gauche sur le tronc, laissez la droite errer le long des branches ou les entourer comme dans une poignée de main. Approchez de temps à autre une branche près de votre nez. L'air ambiant des branches d'épinette contient un fluide énergétique tout à fait apaisant pour les poumons. Ceux-ci sont constamment en état de stress dû à la très grande pollution caractérisant votre époque.

Ce fluide est encore plus subtil autour des branches du sapin. Ainsi, le fumeur qui s'amuserait très souvent à respirer cet air ne pourrait plus tolérer la cigarette. Cette dernière nourrit le stress déjà existant au niveau des poumons, les excitant plus encore, et le fumeur croit momentanément que cela lui fait du bien. La cigarette, pour ainsi dire, satisfait une démangeaison, mais ne guérit pas le mal. Si vous fumez, faites l'expérience quand vous marcherez dans la forêt de placer une branche de sapin devant votre nez et votre bouche : vous réaliserez que vous pouvez espacer un peu plus longtemps votre besoin de fumer.

Si vous avez la chance d'avoir quelque contact avec un pin ou un cèdre géant, ne ratez jamais l'occasion de les toucher, de rester longtemps dans leur voisinage. Ces arbres ont tellement de force qu'ils vous remplissent d'un seul coup d'une énergie persistante.

Songez un instant combien vous seriez tristes si les arbres n'existaient pas. Même votre imagination ne peut supporter longtemps la vision d'une planète sans arbres. C'est comme si vous n'aviez plus de compagnons. Dans plusieurs régions du monde, la cupidité de soi-disant développeurs ou entrepreneurs a entraîné la destruction complète de forêts. Ces gens ont une conscience bien peu développée pour ne pas porter plus de respect à la survie de leurs frères humains.

Pourtant, la mère-terre est tellement généreuse qu'elle ne punira pas toutes les générations à venir à cause de gestes minoritaires, mais vous savez par expérience qu'il ne faut pas abuser de la générosité d'un ami. De plus, il y a toujours une grande tristesse à en perdre un. Toutefois la mère-terre se rappellera combien sont habiles les mains humaines à transformer l'arbre après sa mort, et toute une nouvelle génération d'arbres réapparaîtra pour le plus grand plaisir de vos enfants et petits-enfants. Méditez donc en vous ancrant aux entrailles de la Terre comme je vous l'ai expliqué. Surtout, ne méditez que pour dire merci à votre mère-terre d'être si généreuse malgré tout ce que vous lui faites subir.

Chapitre 15

Baleines et dauphins

Chant bien nostalgique parce que chant de départ !

Question : Si nous délaissions les arbres maintenant pour nous tourner vers l'océan, vers les grands mammifères marins. Ces êtres sont-ils vraiment appelés à disparaître ?

Réponse : Je comprends que vous vous inquiétiez du sort des baleines et des dauphins. Malheureusement, je ne crois pas, Philippe, que vos arrière-petits-enfants puissent voir évoluer une baleine vivante, la dernière survivante d'une longue lignée de géants marins préhistoriques. Malgré sa forme grossière et sa lourdeur, elle est d'une sensibilité extrême. La baleine n'a pas, à proprement parler, un corps éthérique, mais elle a une autre enveloppe qu'on pourrait appeler « corps émotionnel ». Ce dernier se retrouve également chez les animaux vivant dans l'entourage de l'humain, comme le cheval, le chien, le chat...

Si le souffle créateur avait décidé que l'âme s'incarnerait dans quelque forme de vie marine, je crois que la baleine aurait été l'animal serviable et docile comme l'est votre cheval, et que les dauphins auraient été des compagnons inséparables comme le sont vos chiens. Très émotionnels, la baleine et le dauphin pleurent la mort de leur compagnon ou compagne, ou même s'inquiètent de leur disparition. L'état de santé de ces mammifères est, pour vous, le baromètre de la qualité de l'eau. Certes, c'est peu encourageant si l'on vous dit que les baleines sont cancéreuses dans une proportion de cinquante pour cent. La baleine et le dauphin souffrent réellement d'une forme de cancer ou autre maladie semblable. Ces mammifères ressemblent étrangement à l'humain face à leur souffrance, mais ils sont en même temps très différents, car ils ne peuvent la sublimer ni prendre conscience qu'elle est une expérience acceptable ou acceptée pour une évolution éthérique. C'est pourquoi, les humains, à mesure qu'ils évoluent, éprouvent une plus grande compassion pour les baleines et les dauphins, les poussant pratiquement à dire : « Il s'en est fallu de peu qu'on soit des compagnons de vie. » Peu d'animaux éprouvent profondément la tristesse et la joie. C'est le cas des baleines et des dauphins, qui, de plus, cherchent constamment à communiquer. Ces animaux ont une capacité vibratoire de réception d'énergies très subtiles, et sont également capables d'émettre des communications très subtiles. Ces communications s'adressent toutefois moins au cerveau qu'au cœur humain. Lorsque les dompteurs de dauphins cherchent à montrer des tours d'adresse ou d'intelligence, ils font fausse route, car, ce que le dauphin désire, c'est jouer avec l'humain pour lui faire comprendre qu'il l'aime. L'adulte comprend moins ce message du cœur, alors il recherche un autre mental dans le dauphin. En revanche, les enfants, eux, comprennent mieux ce message, et les dauphins le leur rendent bien.

De grâce, chers humains, aménagez, dans les limites du possible, des endroits où vos enfants et personnes handicapées pourront s'amuser, jouer librement avec les dauphins. Laissez, si possible, vos handicapés nager simplement parmi les dauphins. Ensemble, ils s'apprivoiseront, se reconnaîtront. Les dauphins chercheront à les protéger, car ils ressentiront leur faiblesse. Pour un handicapé, ressentir la présence d'un ami sans la nécessité de verbaliser pour être compris est une grande joie, qui signale souvent l'amorce d'un grand soulagement, parfois même d'une guérison.

À votre époque, les baleines sont tristes. Malades, elles ressentent profondément que leur nourriture ne fera qu'aggraver leurs malaises. Elles sont impuissantes, traumatisées et le deviendront encore plus à cause de l'arrivée prochaine d'une forte augmentation des secousses sismiques au fond des mers. Vous remarquerez bientôt que ces animaux tenteront de se frayer de nouvelles routes. Cet effort de fuite ne sera pas couronné de succès et plusieurs n'y trouveront que la mort. Face à tout cela, l'humain, plus évolué, ressentira de plus en plus cette tristesse devant laquelle il se sent impuissant.

Vos appareils sophistiqués ont réussi à capter les sons émis par ces mammifères, pour en faire ce que vous appelez le « chant des baleines et des dauphins », chant bien nostalgique qui traduit, hélas, pour ce qui est des baleines, la fin d'une époque. Que ce chant vous touche au cœur, afin que vous puissiez inspirer à vos enfants et petits-enfants l'amour de cette planète, avec tout ce qu'il y a dans l'eau, dans l'air et sur terre ! Surtout, dites à ces enfants qu'ils devront en être les gardiens.

Chapitre 16

Musique

La musique qui guérit ; la création est musique. La musique qui détruit, détruisez-la ou laissez-la vous détruire.

Question : Vous venez d'évoquer la musique en parlant du chant des baleines. Lors de votre passage terrestre, vous avez reçu des messages sur la musique comme instrument de guérison. Auriez-vous quelque chose à ajouter ?

Réponse : L'humain baigne vingt-quatre heures par jour sciemment ou inconsciemment dans une musique continuelle. Tout dans le cosmos a un son, mais celui-ci n'est pas toujours perceptible à l'oreille humaine. Toutefois, vous avez des oreilles intérieures ou éthériques. À mesure que vous amincissez les frontières entre votre corps physique et éthérique, les sons voyagent plus facilement dans ces espaces libérés. Il faut apprendre à accentuer cette libre circulation des sons.

Le silence le plus absolu sur votre planète Terre est également rempli de sons. Vous ne pouvez manquer de sons et ne pourrez jamais expérimenter l'absence de sons, même si vous êtes complètement sourds. Le son est présent partout. On ne peut y échapper, alors autant s'en faire un ami. C'est une infinité de sons presque collés, pour ainsi dire, qui apportent le bruit ou la musique. En effet, les sons, jamais seuls, cherchent constamment à s'aligner selon un certain rythme dans l'espace. Ainsi, il y a un rythme dans le bruit du serpent qui avance sur le sol, dans le tintement de la cloche et dans le bang de l'explosion d'une bombe atomique.

Le monde industrialisé a créé une infinité de bruits venant s'ajouter à ceux de la nature, de sorte que l'humain ne peut plus s'adapter à tous ces rythmes à la fois. L'humain avait inventé la musique pour retrouver en lui un rythme simple qui lui convenait et parlait à son cœur. Or, le monde industrialisé a aussi inventé une musique industrialisée qui a fait le tour du monde dans sa commercialisation. L'intensité des sons caractérisant cette musique dépasse presque les limites acceptables pour l'oreille humaine. Ce type de musique ne s'adresse qu'au sens de l'ouïe, c'est-à-dire ne pénètre que le corps physique, sans rien transcender dans l'éthérique. Ces rythmes qui imposent leur présence un peu partout, et n'importe quand, créent du stress dans le corps physique, au point que ce dernier ne peut plus retrouver ses propres bruits et rythmes intérieurs.

Je vous ai parlé du phénomène du décentrage dans des messages précédents. Cette musique, agressive d'abord parce qu'elle est imposée et qu'ensuite elle est trop près des limites acceptables pour l'oreille humaine, amène très vite le décentrage, surtout chez les plus jeunes. Pourtant, l'humain a inventé la musique afin d'exprimer l'indicible du cœur : l'amour et la bonté. Une musique appropriée promène ses rythmes à travers les frontières des corps physique et éthérique. On a vu précédemment que le va-et-vient dans les espaces libérés des deux corps créait la paix intérieure. Le centre est ainsi retrouvé. Et quand on s'y enroule, il naît instantanément de la tendresse, de la bonté ou de la compassion, selon votre degré d'évolution. Ces sentiments, suscités par une musique harmonieuse, agissent comme un baume réchauffant sur votre corps. Voilà pourquoi je vous dis que la musique guérit.

Cette musique humaine, qui vous fait retrouver votre centre et que vous pouvez imaginer comme le feu d'un foyer, traverse toutes les frontières pour rejoindre la musique infinie du souffle créateur. Comme tout ce qui est sorti du souffle créateur comporte un rythme, quel qu'il soit, tout ce qui est création est musique. Dieu est musique. Donc, Dieu peut être rejoint facilement par la musique.

Ce message que je vous donne devra être entendu par les jeunes. Cependant il ne sera pas facile pour eux de l'entendre, car ils sont déjà tellement décentrés par la musique rock et toute autre du même genre, qu'il vous faudra crier bien fort pour passer au-dessus de tout ce bruit...

On peut facilement fermer les yeux pour se débarrasser de la vue d'un spectacle, mais comment fermer l'oreille à tout ce bruit envahissant ? Dans votre société, celui qui ne veut pas écouter a souvent moins de droits que le non-fumeur. Comment faire comprendre qu'un décentrage prononcé et constant tue d'une certaine façon, puisqu'il conduit à la fatigue de vivre et au suicide ? La génération actuelle de jeunes a été étourdie par le bruit dès le berceau. Ces jeunes n'ont pas vraiment éprouvé la joie indescriptible d'être au centre de soi-même et, ainsi, d'être en même temps bien dans sa peau. Envahis par cette pollution totalement créée par les humains, ils sont tels des enfants qui seraient nés et auraient vécu dans le brouillard à qui l'on doit décrire ce qu'est le soleil...

Malheureusement, une nouvelle musique, au motif qu'elle n'est pas à la mode, a peu de chance de percer. Je dois cependant redire, pour bien vous faire comprendre mon message, qu'il existe sur votre planète une musique destructrice, qu'on pourrait même qualifier d'« hantée », de « mal habitée ». Ou vous la détruisez, ou vous la laissez vous détruire. Rappelez-vous que la mère-terre ne se laisse pas facilement détruire.

Chapitre 17

Temps

Le laboureur qui regarde les sillons en reprenant son souffle, c'est cela le temps !

Question : J'ai expliqué à des amis vos techniques de méditation par la lumière. Je leur ai parlé des arbres. Ils sont emballés, mais l'objection suivante revient toujours : « C'est merveilleux tout cela, mais on n'a pas le temps. Le travail, les loisirs, la vie sociale nous prennent déjà plus que le temps disponible. » Vous qui avez habité le temps et le non-temps, pouvez-vous nous parler du temps ?

Réponse : Votre temps est précieux, aussi précieux que l'or. Au moment du choix de votre incarnation présente, vous avez aussi choisi une limite de temps pour accomplir une certaine expérimentation visant l'évolution de votre âme. Et vous avez accepté la limite du temps pour cette seule et unique raison : apprendre quelque chose pour votre évolution spirituelle. En somme, vous n'avez plus de temps pour le travail, les loisirs et la vie sociale.

Pour être pratique, le temps consacré au travail, aux loisirs et à la vie sociale se doit d'être, en même temps, un temps d'expérimentation pour votre évolution spirituelle. En raison de votre choix, à la veille de cette incarnation, vous n'avez pas le droit, en quelque sorte, de perdre votre temps à autre chose qu'expérimenter pour le bien de votre âme. Pourtant, vous me dites ne plus avoir de temps pour méditer. Je vous ai enseigné la méditation comme une façon de vous promener tout à fait librement, comme sans frontières, entre votre corps physique, votre corps éthérique et votre âme. Prendre le temps de méditer, c'est simplement prendre conscience de la leçon apprise par le travail, les loisirs et la vie sociale. Tout comme le laboureur qui s'assoit un moment pour contempler le sol tracé de sillons : il a bien le droit de regarder et reprendre son souffle. Et vous, dans votre incarnation, n'auriez-vous pas ce simple droit à un regard sur vos sillons creusés et, en même temps, de reprendre votre souffle ?

De toute façon, dès que vous aurez apprivoisé quelque peu ces techniques, vous pourrez facilement méditer tout en vous consacrant à votre travail, vos loisirs ou votre vie sociale. Très tôt, vous ne vous sentirez plus coupables de perdre votre temps. Mieux, vous ne pourrez plus vous passer de la méditation, et il y a toujours du temps pour les choses qu'on aime.

En décidant de vous réincarner, vous avez évalué un certain temps nécessaire pour apprendre ou expérimenter des choses précises. Maintenant que vous êtes dans cette incarnation, tout ce temps dont vous disposez est précieux à l'extrême. Il ne devrait pas y avoir de temps autre que pour les leçons à apprendre. Or, puisque vous êtes venus dans le temps pour retourner au non-temps, pourquoi amasser des choses qui ne seront pas nécessaires dans ce non-temps, où tout n'est que lumière, joie et compassion ? Alors, dans votre temps, c'est vers ces dernières que vous devez tendre continuellement, car elles seront le seul bagage admis lors de votre retour au non-temps à la fin de votre voyage terrestre.

En conséquence, il ne devrait y avoir dans votre temps sur la planète aucun instant disponible pour la destruction. Un seul instant de pensée destructrice n'a aucune raison d'exister. N'oubliez pas que la pensée, à un niveau différent, peut détruire autant que le geste. Chaque pensée est une pulsion de vie, soit constructive, soit destructrice. Si la pensée tend vers la lumière, la joie et la compassion, elle est constructive. De plus, tout comme un boomerang muni de grappins, elle vous revient chargée de lumière, de joie et de compassion. Remplissez votre espace de boomerangs. Construisez-les dans votre pensée, et très vite s'empileront à vos pieds des trésors de lumière, de joie et de compassion.

Ce que je viens de vous dire peut constituer une autre technique de méditation très efficace. Fermez les yeux, laissez votre imagination créer une forme de boomerang tout en lumière. Posez des grappins à ce boomerang. Que votre cœur le remplisse de joie et de compassion. Lancez-le dans l'espace. Puis lancez-en un autre, un autre et un autre, selon le rythme qui vous plaît. Lancez-en pendant 5, 10, 15 minutes. Des centaines ou peut-être des milliers seront ainsi projetés dans l'espace. Remplissez complètement votre espace et, maintenant, terminez votre méditation : vous n'avez plus besoin de voir ces boomerangs ou de les rappeler. Un boomerang, en tant que tel, revient toujours à son point de départ, il ne peut faire autrement. Faites alors confiance. Leurs grappins cueilleront dans l'espace des tonnes de lumière, de compassion et de joie. Ces boomerangs reviendront d'eux-mêmes, chacun à son tour, aucun ne se perdra : votre cueillette sera faite.

Maintenant, plus une seule place pour la moindre pensée négative ou destructrice, et le tour est joué. Vous serez alors d'un positivisme à toute épreuve, et tout à fait au centre de vous-même, à la fois dans votre corps physique et votre corps éthérique. L'expérience que vous avez choisie de vivre dans cette incarnation ne sera jamais si violente pour vous enliser à tout jamais que vous ne puissiez revenir plus glorieux à votre bercail. N'oubliez pas que vous êtes là pour revenir, et on vous attend. Pour nous, si on veut s'amuser à jouer avec l'image, vous êtes comme un boomerang parti du non-temps pour traverser le temps, se remplir d'expériences et revenir au non-temps.

Cette technique de méditation sur le boomerang de lumière aurait avantage à être utilisée quand vous vous sentez de toute part envahi et piégé par du négativisme. Pour s'en sortir, le lancement dans le cosmos de ces boomerangs de lumière devient pour nous, du monde de lumière, comme autant de signaux de détresse : on nous appelle à l'aide et nous répondons à chaque demande.

Chapitre 18

Vouloir ou demander

La prière enseignée ne dit pas « nous voulons notre pain quotidien », mais « donnez-nous notre pain quotidien ».

Question : Edgar, vous venez d'affirmer que lorsqu'on adresse une demande à vous, habitants du monde de lumière, vous répondez à chaque appel. Beaucoup n'en semblent pas convaincus. Est-ce vrai ?

Réponse : Il y a vouloir une chose et demander une chose. Vous avez dans votre monde terrestre plusieurs façons de demander du pain : l'enfant qui sans cesse crie et prend en même temps ; le voleur qui arrache le pain à la pointe du fusil ; l'adulte qui exige le pain par chantage ; la prostituée qui demande son pain en vendant son corps ; le mendiant qui demande sans crier, sans faire peur ; la pauvre mère de famille qui demande à Dieu son pain quotidien ; l'handicapé, qui n'a peut-être que les yeux pour demander... C'est un besoin universel de demander. Et nous, du monde de lumière, nous n'attendons que votre demande pour vous venir en aide. D'ailleurs, nous sommes parfaitement conscients que vous avez vraiment besoin d'aide.

Je répète qu'il y a de grands risques à s'incarner sur votre planète. Avant le départ, vous avez mis au point un plan d'expérimentation, mais, en endossant la forme humaine, vous avez également endossé le libre arbitre. « J'ai décidé ceci, mais je peux aussi faire cela... Et, si je fais cela, je suis en dehors du champ d'expérimentation... J'ai pris certaines libertés, je suis décentré pour ainsi dire, ou je crois que je m'enlise et ai vraiment besoin d'aide... Et là, je suis encore libre de demander de l'aide ou de ne pas en demander. » Nous devons attendre votre choix, situation pas trop facile à comprendre pour l'humain. Au départ, celui-ci voguait comme un navire dans le monde de l'énergie-lumière. Voilà qu'il ressent le besoin d'expérimenter l'écueil, le rocher ou la boue. Tout craque à bord. On a fait la fête avec le libre arbitre. Il fait noir, la tête tourne. On ne sait plus trop pourquoi on a échoué ou s'est enlisé. Le jeu devenant très dangereux, il faut demander de l'aide. Et comme on s'est prêté au jeu du mental, la ruse de ce mental continue à nous faire croire, jusqu'au désespoir, qu'on peut s'en sortir seul. On avait pourtant accepté le jeu du libre arbitre, mais ses conséquences sont trop lourdes à porter, on a besoin d'aide et il faut demander. Chers frères et sœurs humains, nous attendons votre appel de détresse et aucun S.O.S. ne restera sans réponse, mais, encore et encore je le redis, vous êtes libres de demander. Beaucoup arriveront aux limites de leur désespoir sans avoir formulé la moindre demande auparavant. Pourtant, si on lâche tout, c'est le suicide. Ceux qui en sont rendus à des pensées suicidaires auraient avantage à pratiquer la technique des boomerangs, de sorte qu'au moment de la crise, le lancement des boomerangs se fera sans effort, presque automatiquement. Vos fusées de détresse ne se perdront pas en mer.

En somme, dans votre vocabulaire, il y aurait un mot en trop : c'est « vouloir ». Il a été inventé pour les affamés du pouvoir : le roi veut des choses pour ses sujets ; le maître veut que ses esclaves travaillent bien ; l'homme politique veut le pouvoir. On a même appris à l'enfant à vouloir, et on sait trop bien combien il l'utilise pour dominer ses parents. Cependant, l'humain évolué n'a pas à vouloir : il peut ou il demande. La prière enseignée par le Christ ne dit pas : « Je veux mon pain quotidien », mais « Donnez-nous notre pain quotidien ».

À mesure que vous avancez dans votre évolution, que vous atteignez de plus en plus votre centre, afin de vous retrouver mieux collé à votre âme, vous n'avez plus à être dominé ou dominant. Vous connaissez bien vos propres limites terrestres. Alors, vous pouvez faire ce que vous savez possible de faire. Si vous croyez que c'est hors de votre portée, demandez simplement, sans jamais rien exiger en retour. Vous devez avoir une confiance absolue en l'énergie-lumière qui vous épaulait avant votre incarnation. Elle ne vous a jamais trahi tandis que vous étiez dans le monde de lumière. Pourquoi, alors, être si inquiet qu'elle ne puisse transpercer votre densité physique pour courir à votre aide ? Pensez un peu que cette énergie est compassion, et il devrait vous être impossible de penser que la compassion puisse avoir des limites si, à votre demande, vous lui permettez d'entrer.

Tout est continuité dans le cosmos. Le temps ne s'arrête pas. On peut retarder son évolution, mais on ne l'arrête pas. C'est l'essence même de la création. Tout comme la mère-terre se renouvellera en libérant son feu intérieur pour créer de nouvelles montagnes et vallées, et fera descendre votre sol pollué pour le fondre dans ses entrailles de feu, tout en créant de nouveaux merveilleux dessins des terres et des mers, ainsi l'âme réapparaîtra dans une incarnation comme une nouvelle feuille expérimentant la rosée, le soleil, le gel, le changement de couleur et l'envolée finale vers le sol pour y revenir sous une forme ou une autre. Alors, vouloir stopper le temps dans le désespoir ou par le suicide est une illusion. Si vous pouviez voir avec des yeux cosmiques, c'est-à-dire baignés dans l'énergie-lumière, comment la planète tient à la vie, comment elle prépare son existence future, comment elle veut devenir encore plus belle, vous n'auriez plus jamais peur. Vous auriez presque envie de dire merci au volcan qui reconstruit la fertilité du sol, merci à la vague nettoyante, merci aux soubresauts sismiques qui prouvent que le cœur de la Terre est toujours bien vivant et qu'il n'a pas l'intention de lâcher. Si l'énergie-lumière fournit cette vision profondément merveilleuse, elle fournit aussi la compassion pour vous aider à traverser les bouleversements – et cette compassion n'attend que votre demande. Devant toute cette puissance en évolution, vous comprenez que votre petit mot « vouloir » est bien ridicule et n'est pas plus important qu'une fourmi perdue dans une montagne de foin.

Chapitre 19

Liberté du monde de la finance

*Des médailles à tous ceux
qui contribuent à rendre inutile une loi.*

Question : Cher Edgar, je veux revenir au mot « vouloir ». Dans notre monde industrialisé, on a mis en évidence la volonté comme gage d'affirmation et de succès, et voilà que vous minimisez ce mot jusqu'à le rendre l'égal d'une fourmi. Vous nous permettez au moins d'en rester bouche bée quelques instants ?

Réponse : Je maintiens que la volonté ferme n'est pas gage assuré d'affirmation, d'autonomie et de succès. Pourquoi ? Parce que la volonté risque de tout casser à vouloir ouvrir de force des portes fermées. Si vous frappez à la porte, une fois, deux fois, longtemps, incessamment, on finira par vous répondre, et la porte n'aura pas été défoncée. Vous aurez ainsi plus de chance d'obtenir ce qui vous est bénéfique, sans le saisir de force ou sans obtenir une violente riposte.

Dans la famille, on finit par céder à l'enfant qui ne cesse jamais de demander, mais on punit celui qui exige avec violence ou casse les pots. J'aimerais que vous compariez les résultats de deux sportifs, dont l'un se dit de façon constante mentalement ou à voix forte : « Je veux la première place », et l'autre qui demande d'abord la permission à son corps, à ses muscles, pour entreprendre la course. Dans ce dernier cas, personne n'est frustré : en somme, le coureur et son corps se mettent d'accord, mais, dans le premier cas, c'est comme si l'on fouettait un cheval. Ce dernier court, mais n'a accepté ni la course ni le fouet. Un corps fouetté par la volonté sera-t-il d'accord pour vous faire remporter la première place ?

Une exigence trop volontaire crée de l'angoisse pour celui qui doit répondre. Si sa volonté se raffermit trop, il organisera un système de défense avant d'ouvrir la négociation. Et s'il n'y a pas de discussion, le répondant qui a le pouvoir s'érigera une bonne clôture de protection avec des lois. Et ce sera tout. Vous voyez très bien ce phénomène dans les luttes syndicales du monde industrialisé : ce ne sont plus des demandes, mais des exigences. En plus, on se dépêche de faire peur en montrant ses armes... qui font vraiment peur parfois. Le tout dégénère en une forme de guerre froide continue entre patrons et ouvriers. Ce qui, dans une société dite civilisée ou mieux, évoluée, devrait être une association presque à part entière (entre le syndicat et le patronat) visant le bien-être de toute la collectivité, alors deux camps divisés, se meurtrissant parfois avec des armes froides ou... chaudes. La société du syndicat et du patronat était pourtant une initiative louable de la démocratie.

Pour sortir des tensions actuelles, il faut que la conscience elle-même, au niveau de l'individu, sorte de ces tensions. Le gouvernement et le peuple sont des vases communicants, comme devraient l'être aussi le syndicat et le patronat. Si l'on verse de l'acide dans l'eau ou les consciences, il y aura de l'eau acide au même degré dans tous les vases. La goutte d'eau acide dans le vase du peuple tient responsable de son malheur l'autre goutte d'eau acide dans le vase du gouvernement. De même, chaque goutte d'eau qui se dépollue, dans un vase ou l'autre, rend l'eau plus propre, jusqu'à ce que celle-ci devienne si claire que la goutte d'eau s'entêtant à demeurer acide s'étouffe par elle-même, n'ayant plus rien pour se nourrir. Ce n'est pas une utopie. Les Grecs ont réinventé la démocratie moderne, mais je vois avec mes yeux cosmiques que cette situation a été vécue à quelques reprises dans l'histoire de l'humanité. Et ces temps glorieux réapparaîtront après certains nettoyages sur la planète Terre.

Tout ceci n'est pas facile, car une grande partie de l'éducation moderne dans le monde industrialisé est établie, en quelque sorte, sur le pouvoir des mots *je veux*. Les techniques de visualisation que vous avez redécouvertes sont merveilleuses si elles visualisent simplement un objet ou une pensée sans se résumer à visualiser les mots *je veux*. En utilisant ces derniers mots, on se rend trop vite et trop facilement à l'agression. On se dit souvent : « Je suis en droit d'exiger » ou « Je suis en loi d'exiger ». C'est ainsi que les lois naissent, et c'est en créant un trop grand nombre de lois que la démocratie glisse doucement, comme sur un siège de velours, vers l'État totalitaire. Si la goutte d'eau dans le vase du peuple crie trop fort, on lui pose un bâillon : « C'est une nouvelle loi » ; si, à son tour, la goutte d'eau dans le vase du gouvernement crie trop fort, on lui pose également un bâillon ou, plus souvent, on l'élimine simplement. Le totalitarisme naît de ce simple jeu. Et quand la majorité sera bâillonnée, on n'entendra plus les cris, ce sera la sourde révolte. À quoi bon crier si on ne peut plus être entendu ? Et quand les bâillons s'enlèveront, d'un seul coup, ce sera la cacophonie complète. Il n'y aura plus personne pour entendre, car tous crieront. C'est ce qui se vit présentement dans l'URSS, qui s'émiette.

Défiez-vous de la ruse du supramental collectif, qui amène des gouvernants à se glorifier d'avoir passé le plus grand nombre de lois possibles dans un mandat très court. Chaque nouvelle loi est un bâillon ou une œillère. C'est, en même temps, une perte d'autonomie et de liberté. Or, le supramental collectif pousse même l'arrogance jusqu'à faire applaudir ces déclarations.

Surtout, n'oubliez pas que si vous passez une loi, vous devez mettre en place un administrateur de cette loi. Comme cela peut devenir dangereux de laisser un tel administrateur sans surveillance, il faut donc nommer un surveillant à l'administrateur de cette loi. Ce dernier n'a pas à juger de la pertinence de la loi. Pour ne pas avoir de problèmes, il doit s'installer de bonnes œillères, afin de ne voir ni entendre aucune exception à la règle. Alors que chaque application de la loi devrait être scrutée à la loupe parce qu'elle meurtrit l'autonomie et la liberté de l'individu, c'est, au contraire, l'exception à la loi qui est scrutée à la loupe et cause les ulcères d'estomac aux administrateurs et aux surveillants des administrateurs. Ce n'est pas la meurtrissure de la liberté qui rend malade, mais la meurtrissure du système. D'ailleurs, rappelez-vous l'image de la goutte d'eau acide dans les vases communicants... Alors, dépêchez-vous de devenir une goutte purifiée, c'est-à-dire pleine de conscience et de lumière. Demandez-nous tout de suite (toujours sans exiger) une part de notre énergie-lumière. Faites confiance. Cette énergie est très efficace. Que chacun de vous se dépêche d'emplir les vases. On vous accordera une forme de compassion pour supporter la tristesse des administrateurs de la loi et de leurs surveillants, qui auront à se trouver un nouvel emploi. De toute façon, on ne pourra les laisser tomber, car eux aussi sont dans les vases communicants.

Installez-vous un système de primes à l'initiative pour chaque groupe qui, par son comportement, rendrait inutile une loi. Inventez pour vos jeunes des cours de comportement en vue de l'annihilation de telle ou telle loi. Que tout individu et université soient décorés chaque fois qu'ils auront contribué à faire disparaître une loi. Un bon matin, vous apparaîtra le temps glorieux de la pure démocratie qui n'a plus qu'à conserver un lien entre des individus parfaitement autonomes. Et, là encore, on vous accordera la compassion nécessaire pour supporter la tristesse de vos députés, qui ne travailleront qu'à temps partiel. On les aidera à trouver un emploi complémentaire.

Commencez dès maintenant à tendre tous vos efforts vers ces nouveaux développements. Cependant, dans la pratique immédiate, conformez-vous aux lois existantes, non par choix, mais par nécessité pour votre confort mental et physique. Dépêchez-vous de faire un pied de nez au supramental collectif, et efforcez-vous de le rendre de moins en moins collectif. Au fait : lui aussi doit être travaillé selon le principe des vases communicants. Il faut ruser avec ce mental pour qu'il soit du même parti que vous. Qu'on y transforme la majorité des gouttes et le tour est joué. Au fond, c'est presque trop simple ; vous n'avez qu'à vous inquiéter de votre propre goutte.

Chapitre 20

Esclavage de la finance

*Vous étiez libres de devenir esclaves,
et vous êtes également libres de briser vos chaînes.*

Question : Vous nous parlez du libre arbitre et vous insistez sur l'autonomie. Néanmoins, dans ce monde industrialisé où je vis, j'ai peine à voir cette liberté. On se sent esclave à la seule pensée de devoir travailler très longtemps pour s'assurer du confort. De plus, la récession qui perdure ne nous laisse guère entrevoir le moment d'une retraite éventuelle. J'ai presque envie de dire adieu à la liberté.

Réponse : Vous êtes libre de lui dire adieu ou non. Cependant, je comprends que le monde de la finance semble vous avoir tendu un filet dans lequel vous êtes pris au piège comme des poissons. Je veux bien considérer cette perspective : vous avez bel et bien été attirés dans ce filet, par des appâts, comme des poissons. Et partout où mon regard se porte, je vois la même sorte de filets, et à peu près le même genre d'appâts. Certes, vous étiez libres de dire oui ou non à l'appât. Je suis en train d'examiner si le fait d'avoir mordu à cet appât vous a entraînés dans un filet qui ne se desserre plus et a presque la grandeur de la planète. Un très grand nombre sont déjà dans la nasse, et les autres sont hypnotisés par cette route très large et facile. Je vous signale immédiatement qu'il y a, dans le filet, autant de gouvernants que de gouvernés. Tous ont mordu aux mêmes appâts, dont le principal est d'abord un jeu de miroirs. Tous les miroirs ont la même taille et présentent des images diverses, mais, elles aussi, de dimensions identiques. Chaque miroir représente un objet de consommation. Aucune image n'est plus importante que l'autre. Ainsi, dans la continuité des images, on peut voir une paire de bas de nylon suivi d'une maison, pour, ensuite, continuer avec une boîte de conserves, puis une voiture, de la nourriture pour chiens... Et ces images défilent sans cesse dans la rue, sur le petit écran, le long des grandes autoroutes... Votre monde industrialisé est rempli d'appâts. Vous en évitez un pour vous retrouver, très vite, face à un autre. Pire, si vous fermez les yeux, c'est l'oreille qui devient appâtée par les réclames de la radio. C'est continu, puisque l'électricité permet la transmission de ces images vivantes vingt-quatre heures par jour.

La première illusion créée par ces images est que tout a la même importance : il est autant essentiel d'acheter des bas nylon que de la nourriture. Jamais examinées en profondeur, ces images passent très vite et ont un effet à peu près identique dans votre subconscient. Cependant, on ne s'y arrête que très rarement pour analyser la situation. Ainsi, la seconde illusion s'installe, et voilà que tout devient nécessaire. On ne fait même plus la différence entre nécessités premières et secondaires. Quand la nécessité s'installe, il y a un commandement de la nature : il faut posséder, c'est nécessaire. Encore une fois, rien n'est analysé au-delà du subconscient et tout devient nécessaire au même titre : achat d'une paire de bas nylon et de nourriture.

Dans ce monde industrialisé, dès qu'un individu ou groupe d'individus ouvre une usine pour la fabrication d'un produit, il rêve immédiatement d'une distribution mondiale. Très souvent, il y réussit en créant la nécessité pour ce produit. Qu'il soit nécessaire ou non est sans importance, il est seulement primordial que tout le monde croie à sa nécessité. Et le tour est joué, l'appât a réussi son travail : vous êtes pris dans le filet. Ce n'est pas tout. Nécessaire oui, mais encore plus nécessaire tout de suite. Et voilà un autre miroir : le crédit facile, instantané. Ce qui est nécessaire devient accessible immédiatement. Il n'y a rien de mieux. Un rêve ! Le système économique est parfait. Même vos gouvernants sont dans le filet. Tous les services et produits sont importants et nécessaires, et on peut se les procurer tout de suite. Gouvernés et gouvernants sont d'accord.

Jusqu'ici, l'illusion est parfaite. Et le mental bien nourri crée continuellement de nouvelles nécessités. La production augmente, la consommation augmente et le crédit augmente. Tout va bien comme dans le meilleur des mondes, mais, tout à coup, vos gouvernants crient : « Inflation ! » Comme presque personne ne comprend ce qu'elle est réellement, ils appliquent des règles de restriction de crédit par des hausses de taux d'intérêt. Pourtant, tout le système tourne rondement, comme une roue bien huilée, mais des hauts conseillers de la finance prévoient l'inflation comme un grand malheur qui va s'abattre sur vos têtes. L'illusion tombe. On vous dit que ça va mal, on se demande toujours pourquoi, mais les règlements sont là comme des lois obligatoires pour mater l'inflation. On vous donne comme explication qu'il faut que la roue tourne moins vite. En restreignant le crédit ou en augmentant le taux d'intérêt, il y aura moins de consommation, donc moins de production. On a réussi à ralentir cette roue si bien huilée, mais la pagaille s'installe. Les gouvernés et gouvernants paient leurs dettes à des taux très élevés. Les usines diminuent ou arrêtent carrément leur production. C'est le chômage. Il y a encore moins d'argent pour la consommation. C'est la récession, l'arrêt de la roue, trop brusque, car plus rien ne fonctionne. Et voilà que vos gouvernants vous crient qu'il faut relancer l'économie. « Nous allons abaisser les taux d'intérêt, disent-ils, et subventionner la production. » La roue parfois repart très lentement. Or, les gouvernements sont eux-mêmes de grands consommateurs. De plus, ils reçoivent leurs ordres d'un autre palier. Quel est-il ? Ce sont les manipulateurs du marché de l'argent ou magnats de la finance. En temps d'inflation, ils prêtent leur argent aux individus et gouvernements à des taux très élevés, mais, simultanément, la surproduction fait chuter les prix des produits fabriqués. Ces derniers sont stockés à bon marché, et une rareté artificielle est ainsi créée. Les magnats les écouleront au prix fort, compensant ainsi la perte de revenus sur des taux d'intérêt moins élevés.

Ce sont eux et non vos gouvernements qui contrôlent la roue. À ce très haut niveau, ces magnats ne sont jamais perdants. Ce sont donc eux les grands pêcheurs qui lancent les filets pleins d'appâts et en resserrent les cordes quand cela leur plaît.

Et maintenant, vous vous demandez où est votre liberté dans tout cela, si vous n'êtes pas vous-même un des magnats de la finance ? N'y aurait-il qu'eux qui soient libres ? Des gens libres, qu'est-ce donc ? Je comprends votre désarroi. Cependant, votre liberté consistait à comprendre ou non que les miroirs sont des illusions. Il fallait analyser que les choses ne sont pas toutes nécessaires, et pas toutes importantes à la fois. « Mais, me direz-vous, nous sommes dans le pétrin et nous voulons nous en sortir. Au fond, nous sommes maintenant des esclaves. » Vous pensez qu'il vous faut des êtres plus puissants pour briser vos chaînes ? Et moi, je vous dis qu'il faut vous-mêmes briser vos chaînes ! Comment ? D'abord en refusant simplement tout crédit facile. C'est l'appât le plus impressionnant et le plus efficace. Et le message s'adresse tant aux gouvernants qu'aux gouvernés, car eux aussi se sont créé des dettes nationales tout à fait impressionnantes, dont ils renvoient le remboursement sur les gouvernés sous forme d'impôts abusifs. Et cette ruse des magnats réussit tout à fait en se servant de vos gouvernements, auxquels, ils donnent des ordres clairs. Quant à vous, les gouvernés, vous croyez que ce sont vos gouvernements qui donnent ces ordres, et vous les exécutez bon gré mal gré, sans vous poser vraiment de questions.

Cette ruse est presque sans limites quand on remarque que certains gouvernements se glorifient en temps de récession d'augmenter la dette nationale, pour soi-disant relancer l'économie. N'attendez pas de vos gouvernements qu'ils s'éveillent les premiers pour vous montrer l'exemple. Ils règlent leurs problèmes en vous les refilant, par des augmentations d'impôt. N'attendez donc rien d'eux pour la solution de ces problèmes. La solution est dans l'individu. Découvrez l'illusion dans chaque miroir, cherchez où se cache la ruse, refusez le crédit facile et inutile, n'achetez que le strict nécessaire. Vivez plus simplement. Au fond, pourquoi trois ou quatre téléviseurs dans la même maison ? Si vous prenez le temps de méditer, de regarder le coucher de soleil, il ne vous restera du temps que pour regarder un seul téléviseur. Et vous n'en serez que mieux portants.

Évidemment, cela ne fera pas l'affaire des magnats de la finance que vous ralentissiez la consommation et refusiez le crédit facile. Leur cupidité inventera d'autres ruses pour vous installer encore de meilleurs appâts. Un poisson libre, pour eux, ne doit pas exister. Leur cupidité exige que tous les poissons soient dans le filet. Cependant, le libre arbitre est toujours à la portée de tous. Eux sont libres d'être cupides ou de ne pas l'être. Vous, vous êtes libres de nager en eau libre ou de vous faire bousculer dans le filet.

Q : J'ai tenté avec des amis de cataloguer le mieux possible ce qui est vraiment nécessaire et ce qui ne l'est pas. Or, le piège et l'appât sont si perfectionnés dans leur ruse que nous ne savons même plus distinguer l'essentiel du superflu. Et vous nous dites qu'il n'y a qu'une solution aux malaises économiques du monde industrialisé : refuser le crédit facile et n'acheter que le nécessaire. La solution nous semble trop accablante pour nos épaules. N'y aurait-il pas des moyens plus faciles ?

R : Malheureusement, non. Néanmoins, vous êtes toujours libres de continuer à vivre dans le filet, aux applaudissements des magnats-pêcheurs. Vous conserverez probablement un confort matériel, mais au prix de quel stress... Commencez par affronter le petit piège en pleine face, et faites triompher votre liberté dans le refus. Il y a de la joie dans la liberté et vous l'avez oublié.

C'est évident que si une goutte d'eau toute seule essayait de former une vague dans l'océan, sa petite crête se briserait et elle en mourrait de fatigue. Chaque goutte d'eau se relie à l'autre, mais chacune fait ce qu'elle a à faire, et la merveilleuse vague gonfle pour s'éclater écumante sur la plage. Que chacun fasse ce qu'il a à faire selon les efforts à sa portée, et la liberté individuelle financière triomphera. La cupidité des magnats ne pourra plus s'exercer. Il leur faudra chercher une autre mer, un autre filet et d'autres poissons. Vous vous attendez peut-être à ce que je vous dise ceci : « Dormez tranquilles, la mère-terre dans son renouvellement balaiera les méchants magnats de la planète. » Attention, c'est fort possible qu'ils soient éliminés ainsi. En attendant, le stress et l'angoisse sont pour vous.

Chapitre 21

Sida

Ne jugez pas ! Ne jugez pas !
Ne jugez pas !

Question : Notre époque connaît une forme de maladie dont la propagation semble être très rapide. Cette maladie s'appelle le sida. Voyez-vous, Edgar, la découverte de remèdes à cette maladie ?

Réponse : Votre société a assez bien réussi à rendre cette maladie honteuse. Il n'est pas précisément une maladie dite « sexuelle ». C'est d'abord le contact sang contre sang qui la propage. Votre société a identifié les homosexuels comme porteurs du sida. Il est vrai que leurs contacts sexuels peuvent en favoriser la propagation, mais votre société augmente leur souffrance en les classifiant comme pervers sexuels et en les comparant à des lépreux. On les rend coupables de leur propre maladie. Ils sont jugés immédiatement. Pourtant, d'autres maladies sournoises sont apparues ou (ré-)apparaîtront, dont le choléra. Pourtant, on ne juge pas aussi durement ceux qui ont le choléra.

Le sida est une forme de cancer, mais vous avez identifié une cause possible comme étant un virus. C'est une maladie cruelle, parce qu'elle apporte une mort lente dans la souffrance morale et physique. Cette maladie a la particularité de développer, à l'extrême, la sensibilité du malade. Cette expérience permet à certaines âmes d'évoluer rapidement à travers cette souffrance. Ainsi, les sidéens connaissant déjà les techniques de méditation sur la lumière devraient augmenter considérablement leur temps de méditation. Leur sensibilité dirigée par l'énergie-lumière démolira rapidement les frontières entre le corps physique et le corps éthérique. Malgré les souffrances, ils éprouveront une grande joie à découvrir l'énergie-lumière et celle-ci deviendra pour eux presque palpable, presque physique. Leur souffrance implorera alors d'elle-même le secours de cette énergie-lumière, qui se présentera comme un baume. Ces alternances de souffrance et d'apaisement amèneront l'âme à évoluer rapidement. Quelques mois d'évolution à travers cette maladie peuvent être équivalents à l'évolution de plusieurs vies.

Actuellement, pour le sida, il n'y a pas encore de remèdes physiques efficaces. On essaiera bien quelques formes de vaccins, mais leur efficacité demeurera très faible. Le virus en question se détruit par une substance qui se retrouve à la fois dans la lave en fusion et dans la cendre volcanique. Il faudra que vos laboratoires analysent complètement cette cendre volcanique et fassent des expériences. Ces recherches mèneront à la découverte d'une substance qui limitera la propagation du virus. De plus, elle créerait rapidement une nouvelle forme d'immunité dans le sang et on pourrait en faire un vaccin à la fois de guérison et de prévention. D'ailleurs, il y aurait avantage à étudier dans les espaces couverts récemment par des cendres volcaniques la disparition de certains microbes tenaces.

Pour le moment, il vous faudra former des groupes qui communiqueront à ces victimes les moyens d'attirer l'énergie-lumière afin qu'elles puissent s'y envelopper le mieux possible et, surtout, le plus longtemps possible. N'ayez crainte, elles apprendront vite, dès qu'elles auront goûté à cette joie indicible de l'évolution rapide. De grâce, enlevez à tout jamais de vos cerveaux l'idée que ces malades sont des victimes punies d'une perversion.

Q : Auriez-vous, Edgar, quelque méthode toute simple de méditation à leur indiquer ?

R : Oui. Je vous ai dit que ces malades développaient une sensibilité extrême. Leurs chakras ou roues d'énergie s'ouvrent complètement et ne peuvent plus se refermer, afin de se prémunir contre les intempéries. Cette ouverture des chakras leur permet, d'une part, d'aspirer facilement l'énergie-lumière, et, d'autre part, elle n'offre, malheureusement, aucune protection contre les influences négatives environnantes. La technique de méditation que je leur prescris est la suivante : asseyez-vous immobile ou étendez-vous sur le dos dans votre lit. Fermez vos yeux. Très doucement, sans aucun effort, visualisez vos chakras comme sept roulettes se situant entre le sacrum et le sommet de la tête. Ne cherchez pas à les identifier ou à vous rappeler ce que vous auriez pu avoir lu à ce sujet. Maintenant, faites tourner ces roulettes sur elles-mêmes, dans un sens ou l'autre. Vous pouvez alterner : l'une dans un sens, la suivante dans l'autre. Accordez-vous toute la liberté dans ce jeu. L'important est qu'elles tournent, peu importe le sens ou la vitesse. Tout à coup et rapidement, des couleurs s'installeront dans ces roulettes. Laissez faire le libre jeu des couleurs, en oubliant tout ce que vous avez lu ou expérimenté à ce sujet. Les bonnes couleurs émaneront des bons endroits ou y retourneront d'elles-mêmes. Vous n'avez plus le temps d'apprendre des théories à ce sujet : plongez immédiatement dans l'expérimentation et vous saurez tout. Ce jeu permettra aux chakras de ne plus se figer complètement ouverts. En les activant ainsi, ils s'ouvriront et se refermeront pour ne plus filtrer que des énergies positives à l'entrée.

Cette technique de méditation, bien qu'elle s'adresse à tout le monde en général, aurait avantage à être pratiquée par des gens qui ont à travailler dans des milieux dits négatifs : les hôpitaux, les milieux carcéraux, etc. En pratiquant ce jeu intérieur, ces personnes demandent que leurs chakras ne s'ouvrent dorénavant qu'à l'énergie-lumière. Et je vous assure que leurs demandes seront exaucées immédiatement, car notre énergie-lumière est aussi énergie-compassion. Mes guides du monde de lumière, qui évoluent à un niveau supérieur, me demandent de vous transmettre le message suivant : « Nous laisserons s'échapper des vibrations nouvelles vers ces lieux où sont soignés les sidéens, et ceux qui les soignent recevront des compensations d'énergie-lumière qui les feront évoluer très vite spirituellement. Qu'ils pratiquent eux-mêmes cette technique de méditation, qu'ils s'empressent de l'enseigner aussi à tous les réceptifs et, croyez-moi, vous serez surpris du grand nombre d'adhérents. Pour ceux qui rencontreront des difficultés à retrouver des couleurs dans ce jeu, faites-leur visualiser avant la méditation des fleurs de forme circulaire, par exemple les marguerites. L'effet sera merveilleux. »

De grâce, chers frères et sœurs, ne portez absolument aucun jugement sur ces êtres, dont les âmes deviennent à fleur de peau à cause de la sensibilité presque sans limites développée par cette maladie. Vous leur épargnerez ainsi beaucoup du négativisme dont ils doivent se débarrasser. Et j'insiste sur la transmission de ce message : s'il vous plaît, ne jugez pas ! Ne jugez pas ! Ne jugez pas !

Q : On entend souvent dire que cette maladie développe un esprit de vengeance, que le sidéen veut se venger sur des innocents. Auriez-vous quelques éclaircissements à nous apporter à ce sujet ?

R : Il est évident que la non-acceptation de cette maladie peut développer l'esprit de vengeance. Parfois, le malade réalise qu'il a entre ses mains le pouvoir de tuer quelqu'un. S'il a été trop ébranlé par les médicaments, il peut devenir dangereux et vouloir transmettre sa maladie à des innocents, mais ce n'est pas une règle générale. Encore une fois, j'insiste sur le message suivant : ne jugez pas ! Ne jugez pas ! Ne jugez pas ! Qu'il en soit ainsi.

Chapitre 22

Le maître Jésus et la Bible

Monument terrestre le plus parfait pour représenter l'énergie-lumière-compassion.

Question : Beaucoup de vos amis insistent pour que vous nous parliez du maître Jésus. Lors de votre passage terrestre, vous avez fait quelques lectures afin d'obtenir plus de détails sur sa vie. Vous aviez un grand respect pour lui. Pouvez-vous nous parler de ce grand maître ?

Réponse : Jésus a adressé des messages du monde de lumière au peuple juif d'abord. Puis, ce message, oral et par la suite écrit, a pris les grandes routes de l'humanité. Vous savez que nombre d'églises chrétiennes se réfèrent à Jésus, selon des interprétations différentes concernant son message. Il y a même une grande compétition entre ces groupes pour prouver leur supériorité et implanter chacun leur vérité absolue quant à l'interprétation de son message. Au début de votre Ier siècle, une coulée parfaite de lumière-énergie-compassion est descendue vers la planète et s'est transformée en une forme humaine, qui a parcouru une partie de votre terre pendant trente-trois ans. Mon monde de lumière est encore béat d'admiration devant cette manifestation ou construction humaine, ayant son origine à un niveau extrêmement subtil et élevé.

Cette présence sur votre planète d'une créature si frêle en apparence, parce que si douce et si résignée, a imprimé une poussée d'énergie telle, qu'elle persiste encore à votre époque. Elle s'est infiltrée dans la construction de livres saints, de cathédrales majestueuses, de civilisations de grande envergure, dont les traces ont survécu au passage des siècles. Beaucoup d'amour inconditionnel, émanation pure de l'énergie-lumière-compassion, s'est joint à des supramentaux royaux d'extrême puissance pour bâtir autour du maître Jésus cette construction géante qu'est la chrétienté.

Le message de Jésus était si simple quand il disait : « Le royaume des cieux est à l'intérieur de vous », mais ô combien de gens ont dépensé des tonnes et des tonnes d'énergie pour construire ce royaume sur votre planète, par l'implantation de sociétés ou la construction d'églises somptueuses ! Pourtant, il ne rêvait que de faire éclater un peu de conscience à l'intérieur de chaque être... Que de théories, tellement impressionnantes, élaborées par le mental pour amener la construction de tant de monuments faussement éternels au nom d'un être qui voulait seulement faire (re)connaître, en chaque individu, son appartenance au royaume du monde de lumière ! Or, rien de toutes ces choses terrestres ne peut être transporté dans le monde des lumières. Le mental a donc bien manœuvré dans tout cela en créant l'illusion : celle-ci, devenant le réel, le reflet remplaçant l'objet, il était désormais difficile de comprendre un message aussi simple.

Alors Jésus a escaladé la montagne. Là, en voyant avec ses yeux cosmiques cette future création du mental (l'illusion), son cœur fut submergé de compassion cosmique. Et c'est à ce moment qu'il a prononcé son merveilleux *Sermon sur la montagne*. Ce discours est un monument offert aux humains pour leur démontrer la compassion de l'énergie-lumière. Il n'y a rien d'aussi éloquent sur votre planète, il n'y a pas d'œuvre littéraire aussi parfaite pour vous décrire cette compassion de l'énergie-lumière. La voix de Jésus était alors nettement inspirée, et il puisait directement à son niveau de vibrations du monde de lumière. Le mot « bienheureux », répété à maintes reprises, venait d'un débordement d'amour inconditionnel. Jésus voulait absolument faire comprendre l'état de bonheur dans lequel il évoluait avant sa naissance et auquel il aspirait retourner lorsque sa mission serait accomplie. J'ajoute que ce discours était empreint d'une compassion cosmique, car il s'adressait à une certaine misère : les pauvres en esprit, ceux qui pleurent, qui sont doux, qui ont faim et soif, les miséricordieux, les artisans de la paix... Jésus était triste, sachant que son message ne serait pas accepté immédiatement, sinon toute cette misère se serait effacée d'un seul coup. Néanmoins, son amour inconditionnel lui souffla ces mots de grande compassion.

Jésus parlait peu. Toutefois, il était un homme d'action qui fit beaucoup de miracles. Le flux de l'énergie-lumière n'était nullement restreint par la densité de son corps physique, bien qu'il n'y ait aucune frontière entre son corps physique et son corps éthérique. Ce maître représenta une incarnation parfaite de l'énergie-lumière, étant parfait en tant que récepteur et émetteur. Ses yeux et ses mains lançaient à profusion ces énergies divines qu'il recevait directement et continuellement dans son plexus solaire : il était le plus parfait modèle de guérisseurs.

Q : Dans les messages reçus lors de votre dernier passage terrestre, il y a beaucoup de références à la Bible. Vos messages actuels n'en comportent aucune. Pouvez-vous nous expliquer cette attitude si différente en apparence ?

R : L'écriture de la Bible est teintée des couleurs de toutes ses époques, elle reflète les us et coutumes, et autres formes de pensée des siècles antérieurs. Dans votre temps si différent, l'interprétation de ces textes demeure toujours difficile. Et vos jeunes admettent de moins en moins cette forme d'enseignement. C'est pourquoi j'ai choisi de vous diriger vers des jeux spirituels que sont les techniques de méditation. Ces jeux peuvent facilement s'adapter aux différentes classes de votre société, et bien peu d'entraînement est nécessaire pour obtenir rapidement d'excellents résultats. J'insiste sur l'enseignement de ces techniques, parce qu'elles vous ouvrent une porte à la projection de la lumière à l'intérieur de vous, afin de compenser prestement, par l'énergie-lumière, ce négativisme puissant, imprégnant votre planète.

Cependant, pour ceux qui peuvent encore découvrir dans la Bible la satisfaction de leurs désirs spirituels, je leur dis de continuer dans ce sens. Les auteurs de la Bible sont avec moi dans ce monde de lumière et ils seraient très heureux qu'on leur redemande de nouveaux messages d'interprétation.

Chapitre 23

Messages de Gertrude, épouse terrestre d'Edgar Cayce

*En demandant, remercier d'abord ;
ensuite, on ne trouvera plus
où se cache la violence.*

Question : Je demande humblement à Gertrude de livrer un ou des messages pour ses amis et les amis d'Edgar.

Réponse : Oh ! Oui ! J'accepte avec plaisir. Je m'attendais à ce que Philippe m'en fasse la demande, mais, en réalité, c'est une femme qui le lui a suggéré, il l'a avoué (merci à Lisette.) Edgar était sur terre un être de grande bonté. En franchissant le seuil de la mort, il a goûté à la compassion de l'énergie-lumière. Il s'est alors empressé de faire des demandes pour que j'aille le rejoindre, afin que nous puissions vraiment partager ensemble la joie indicible de cette compassion imprégnée d'énergie-lumière.

Quand nous étions sur votre planète et qu'Edgar, en transe profonde, recevait des messages de l'au-delà, je vous avoue maintenant que j'avais des craintes de ne pas le voir revenir à lui, allant souvent jusqu'à l'angoisse. En même temps, je sentais la protection nécessaire dans ces moments de transe et me disais intérieurement : « Il ne me fera pas ce coup ! » Pourtant, un jour, il me l'a fait... mais il s'en est repenti très vite, avec l'aide de la compassion dans l'énergie-lumière. Alors, il a simplement fait des demandes pressantes à ses amis pour que j'aie le droit d'aller le retrouver.

Je dois vous avouer que nous avions été des frères médecins dans la Grèce antique et nous recevions les enseignements d'Hippocrate. Ce fut une merveilleuse incarnation où il faisait bon vivre, si près du soleil et de la mer. Nous avons alors décidé d'être d'éternels complices et de nous trouver ensemble dans notre dernière incarnation. Là aussi, nous avons été comblés par le soleil et la mer de la merveilleuse Virginie. Je peux vous dire que je retournerai sur votre planète avec Edgar, mais il ne m'est pas permis de vous révéler l'époque, le travail et le genre de relation terrestre qu'il y aura entre nous deux, éternels complices. Edgar me suggère de soumettre à Philippe de très courts messages sur divers sujets, messages que vous pourrez lire, relire et apprendre dans le but de faciliter l'évolution de votre âme.

Demande de permission

Il faut vous rappeler que vous habitez la planète avec une infinité d'autres compagnons de vie. Vous n'êtes pas propriétaires d'autres êtres vivants, mais vous pouvez être des utilisateurs. Faites cette expérience de demander la permission à un autre être vivant avant de l'utiliser. Pensez-vous qu'il soit possible à un cavalier de fouetter inutilement sa monture, s'il lui a demandé, avant de l'enfourcher, la permission de se servir d'elle et lui a dit merci à l'avance ? Cette demande de permission constitue une communication subtile entre les êtres vivants, même s'ils ne sont pas du même règne. Une forme d'émotion passe alors d'un être à l'autre et semble effacer la violence. Certains sculpteurs sur bois ont un grand respect de cette permission et ressentent vivement cette émotion dont je viens de vous parler.

Parler aux arbres et aux rochers

Profitez d'une promenade en forêt pour dire bonjour à tous les êtres vivants que vous rencontrez. Tendez la main aux épinettes, sapins, bouleaux, etc., pour leur dire bonjour. Et même, dites bonjour au rocher sur lequel vous vous asseyez ; lui aussi est un être vivant. Pendant ces moments-là, vous quittez votre armure ou votre carapace, votre être devient plus perméable, plus éthérique. Brisez vos frontières, car si vous avez dit bonjour à tout ce monde vivant, personne ne vous fera de mal. À mesure que vous multiplierez ces expériences, vous finirez par établir un véritable dialogue intérieur avec certains arbres ou rochers. En s'approchant d'eux, vous ressentirez leur accueil. Votre mental vous dira probablement que vous êtes devenu fou ou folle. Pour la société, on est vite classé un peu fou quand on s'amuse aux joies trop simples. On ne peut cependant comprendre sans avoir expérimenté. Dieu est fou de sa création et sa création est folle de lui. Ainsi, on devient bien excusable d'être fou de la nature. Maintenant que vous savez qu'il est acceptable d'être un peu fou, repénétrez dans la forêt, faites disparaître mentalement votre corps physique et ne devenez qu'un point lumineux minuscule. Pénétrez ainsi dans les arbres pour toucher leur cœur, leur dire que vous les aimez et leur dire merci d'être vos compagnons sur cette planète.

L'émotion subtile que vous ressentirez au sortir de la forêt sera tout à fait indicible, l'impression d'avoir vécu quelques moments au paradis terrestre ou d'avoir assister au premier matin de la création.

Méditation

Méditer, c'est l'art de briser des frontières pour trouver son âme et la ramener à fleur de peau.

Mère-terre

Votre planète, bien que minuscule, a encore fière allure dans l'espace. Bien qu'elle ait terni à l'usage, comme un bijou porté quotidiennement, elle a encore tout l'état cristallin du cœur d'une mère. Ainsi, elle ne se venge jamais, seulement elle rétablit l'ordre. Méditez sur elle chaque fois que vous y pensez ; faites disparaître votre corps physique pour devenir un point lumineux passant comme un rayon laser à travers l'océan ou les montagnes et pénétrant jusqu'au centre ultime de la lave en fusion. Dites fréquemment bonjour à la Terre et remerciez-la de vous nourrir, de vous bercer dans ce mouvement circulaire sur elle-même. Si assez d'humains adoptent ce comportement, il y aura un échange constant d'émotions entre la mère-terre et eux, et, ainsi, ces derniers risqueront moins de devenir des êtres indésirables pour elle.

C'est tout ce qui reste à faire

Peu importe tous les accrocs que vous auriez faits à cette mission que vous reconnaissez plus ou moins, il suffit de tout terminer dans l'amour. L'amour met le baume, et aucune déchirure ne saurait résister à ce baume. Le monde de lumière est généreux. N'ayez aucune crainte. Vivez dans cet amour-compassion plein de bonté, si plein qu'il en déborde. Devenez vite de grands amants de notre lumière, et tout sera pardonné. Encore, n'ayez crainte, plus aucune trace d'accrocs ne subsistera. Au fond, la mission a comme but ultime de revenir à la lumière-énergie-compassion. Alors goûtez-y un peu maintenant, en nous le demandant. Vous serez déjà un peu mieux acclimatés quand vous serez au quai d'arrivée dans notre monde.

Message pour les jeunes

À tous ceux et celles sur cette planète qui sont au début de la mission de leur incarnation, je leur dis bonjour, car ce sont également et en même temps *mes frères et mes sœurs exilés pour quelque temps de mon monde de lumière*. Bien que cet exil ait été accepté volontairement et dans tout l'éclat de l'énergie-lumière, nous sommes remplis de compassion pour vous parce que nous sommes extrêmement conscients des dangers et risques de l'exil. Vous savez combien sont tristes et démunis tous les réfugiés dans des camps spéciaux, en période de guerre et d'après-guerre sur votre planète. C'est ainsi que nous vous ressentons parfois, et nous craignons toujours que vous oubliiez complètement de nous demander de l'aide au moment opportun. Pour nous, c'est la tragédie dont nous avons peur, c'est-à-dire la coupure finale et définitive de la communication ou la non-reconnaissance fatale et définitive de la mission. Âmes exilées, donnez-nous le signal s'il vous plaît, et nous ouvrirons des canaux spéciaux pleins de compassion, qui couleront à flots.

Message pour les personnes âgées ou malades

Je ne peux vous définir le vieil âge en termes terrestres. Dans ma vision cosmique, c'est le point d'approche de l'âme qui doit quitter le plan terrestre. Je m'adresserai donc à ceux qui, sur votre planète, sont les plus conscients de cette approche, soit par la vieillesse, soit par une maladie grave. Pour ceux donc qui peuvent compter approximativement le nombre d'années qu'il leur reste à vivre, surgit l'heure de la remise en question. Plusieurs n'ont jamais songé que leur vie comportait une mission à accomplir ; à cette pensée ils paniquent, n'ayant pas encore reconnu cette mission. Et il ne leur reste plus de temps ou si peu, impossible à déterminer encore précisément. À ces personnes qui sont dans cet état et ont quelque peu de loisirs, je leur dis : d'abord, n'ayez pas peur, car la peur ne règle rien. Vous voyez tout à coup toutes les choses que vous auriez pu faire et n'avez pas faites. Alors, vous paniquez parce que vous réalisez maintenant, d'une façon certaine, que vous n'aurez jamais le temps de les accomplir. De grâce, bien calmement, sans peur et sans regret, dites un adieu à chacune de ces choses : le temps qui vous reste n'est pas pour les regrets. Ne gardez pas dans votre for intérieur des images inutiles. Que faire alors ? Apprenez à méditer, si vous ne le faites déjà. Ce qui est décrit dans ce livre est nettement suffisant pour apprendre comment. Demandez chaque fois à notre monde de lumière qu'il s'empresse de vous faire goûter à la compassion. Rapidement, vous vous sentirez submergés d'un amour débordant. Remplissez-vous vite de cet amour empreint de bonté et répandez-le autour de vous.

Message pour le nouvel âge

Vous avez une classification bien large pour les membres de ce nouvel âge. En somme, j'inclus dans cette classification tous ceux recherchant ces visions très brèves de conscience qui commencent à se manifester au plus profond d'eux-mêmes ou d'elles-mêmes. Ma classification semble sommaire, je m'en excuse, mais je ne tiens pas à me gaver d'autres définitions sophistiquées. À ces gens qui goûtent déjà à la joie et au baume apaisant de la conscience élargie, je souhaite d'abord la persévérance pour un élargissement de plus en plus grand de la conscience, jusqu'à l'accomplissement final. Je souhaite ensuite, qu'arrive en même temps et très vite, le débordement de l'amour-compassion qui vient de notre monde de lumière et dont nous vous accorderons des transfusions généreuses si vous voulez bien le demander. Nous établirons beaucoup plus de contacts avec vous tous, pour des communications à retransmettre à vos frères et sœurs.

Chapitre 24

Message conjoint d'Edgar et Gertrude pour la fondation Cayce

Un merci bien spécial à toi, Philippe, de nous demander ce message conjoint. Salut à tous, amis de la fondation. Vous avez un bel esprit d'entraide. Le monde de lumière vous sera reconnaissant de bien vouloir fournir des efforts dans le but de faire connaître à plus de gens possible ce messages qu'Edgar recevait de ce monde de lumière. L'époque ne favorisait guère ces transmissions. Nous-mêmes, sur le plan terrestre, en demeurions très étonnés et perplexes, et nous vous les transmettions de façon un peu malhabile. Veuillez nous excuser de certains manques de clarté et de nos imprécisions que nous comprenions mal, nous étions troublés... Voici nos souhaits pour la fondation :

1. Ne dépensez pas un sou pour construire quelque forme de monument que ce soit à notre mémoire. Rebaptisez plutôt la fondation comme suit : Fondation Cayce pour le besoin des autres.

2. Organisez des séances de méditation selon les techniques décrites dans ces messages transmis à Philippe. De grâce, ne compliquez rien, agissez tout simplement selon les indications que nous vous avons transmises.

3. Songez sérieusement à ériger des maisons de verre, dont les fenêtres exposées au soleil seraient des prismes pour transmettre, à l'intérieur, la lumière toute décomposée comme des arcs-en-ciel permanents. Expérimentez la méditation dans ces maisons de verre et permettez aux handicapés de venir aussi y méditer. Expérimentez ! Expérimentez ! Analysez les résultats. Vous serez épatés. Merveilleuse et longue vie ! L'énergie-lumière-compassion dans laquelle nous vi-

vons ne comprend rien au mot *préférence*. Ainsi, faute de ne pouvoir dire que nous vous témoignons une préférence, nous vous disons alors simplement : *nous vous aimons !*

Edgar – Gertrude
Janvier 1992

Notre mot de la fin est lumière !

Devenez des amants de la lumière.
À chaque fois que vous y pensez,
remplissez-vous mentalement de lumière.

Ne pensez ou ne parlez jamais à un adversaire ou présumé ennemi sans l'envelopper d'abord dans la lumière. Barricadez-vous dans la lumière.

Devenez un projecteur de lumière et la nature vous fera vite un nid d'accueil n'importe où.

Remplissez de lumière votre corps éthérique. Brisez les frontières pour que vos corps deviennent des vases communicants.

Demandez-nous cette énergie-lumière qui se fera liquide pour refléter la compassion et cristal ou diamant pour vous protéger de façon absolue.

Devenez des phares dans la nuit. Ces phares allumés sont, pour nous, des prières cristallisées et, de lumière à lumière, on peut se comprendre sans se parler. C'est pourquoi nous vous avons dit que la méditation est une prière non verbalisée et conséquemment sans limites.

Edgar – Gertrude
Janvier 1992

Table des matières

Chapitre 1 – Peur — 5
Chapitre 2 – Lumière — 9
Chapitre 3 – Cancer — 11
Chapitre 4 – Méditation — 17
Chapitre 5 – Cœur malade — 21
Chapitre 6 – Médecine céleste — 27
Chapitre 7 – Réincarnation — 39
Chapitre 8 – Maladies chez les jeunes — 41
Chapitre 9 – Jeux spirituels — 49
Chapitre 10 – Liberté — 53
Chapitre 11 – Communication avec l'au-delà — 59
Chapitre 12 – La faim dans le monde — 63
Chapitre 13 – Cataclysmes ou mutations — 69
Chapitre 14 – Arbres, éternels compagnons ! — 77
Chapitre 15 – Baleines et dauphins — 83
Chapitre 16 – Musique — 87
Chapitre 17 – Temps — 91
Chapitre 18 – Vouloir ou demander — 95
Chapitre 19 – Liberté du monde de la finance — 99
Chapitre 20 – Esclavage de la finance — 103
Chapitre 21 – Sida — 109
Chapitre 22 – Le maître Jésus et la Bible — 113
Chapitre 23 – Messages de Gertrude, épouse terrestre d'Edgar Cayce — 117
Chapitre 24 – Message d'Edgar et Gertrude pour la fondation Cayce — 123
Notre mot de la fin est lumière ! — 125

www.ingramcontent.com/pod-product-compliance
Lightning Source LLC
Chambersburg PA
CBHW030041100526
44590CB00011B/283